乡村景观实践

Village Scenic Spot:
Rural Landscape
Practice

之

村落景区

徐 斌◎著

中国建筑工业出版社

图书在版编目（CIP）数据

乡村景观实践之村落景区=Village Scenic Spot:
Rural Landscape Practice／徐斌著. —北京：中国建筑
工业出版社，2020.12（2023.8 重印）
ISBN 978-7-112-25507-8

Ⅰ.① 乡… Ⅱ.① 徐… Ⅲ.① 乡村旅游-旅游业
发展-案例-中国 Ⅳ.① F592.3

中国版本图书馆CIP数据核字（2020）第184900号

责任编辑：张　建　焦　扬
责任校对：王　烨

乡村景观实践之村落景区

Village Scenic Spot: Rural Landscape Practice

徐斌　著

*

中国建筑工业出版社出版、发行（北京海淀三里河路9号）

各地新华书店、建筑书店经销

北京中科印刷有限公司印刷

*

开本：889毫米×1194毫米　1/20　印张：8　字数：173千字

2020年8月第一版　　2023年8月第三次印刷

定价：88.00元

ISBN 978-7-112-25507-8

（36517）

随着我国进入大众化旅游时代，2016年全国旅游工作会议提出了我国旅游从"景点旅游"向"全域旅游"的转变思路，"全域景区"应运而生。在党的十九大提出的乡村振兴总要求的引领下，探索乡村建设发展的路径，重构乡村社会的产业格局、生态格局、环境体系、文化体系的实践探索方兴未艾。当前的乡村旅游开发仍存在"孤军奋战"的问题，各个村庄特色不显、品牌不响、规模不强，未能够形成"辐射带动"与"合力共振"的集聚效益。而"村落景区"通过将村落规划与景区开发相结合，"串珠成链、连片成景"，促进乡村三产融合，增强乡村旅游综合竞争力。村落景区的实践探索正积极响应着农业转型升级、美丽乡村建设升级的需求，"景在村中，村在景中"，村落景区已成为乡村振兴战略的实践探索先行区。鉴于浙江省美丽乡村建设在全国的领先地位，大举推进的浙江省美丽乡村村落景区规划设计在全国也起到示范引领作用。

笔者生于乡村、长于乡村，从乡村的小路走来，每一个脚印都印刻着对"乡村母亲"的热爱与关切。自大学时期涉足风景园林领域以来，笔者一直深切关注并参与乡村建设。在风景园林规划设计教学科研和项目实践方面，已有近二十年的从业经验，累计主持完成乡村类规划设计二百余项。近年来，笔者的科研和实践更是紧紧围绕乡村建设的前沿需求，着力于精品线路、村落景区等领域的探索。"源于实践、高于实践、忠于实践"，项目组在大量实践的基础上，及时梳理归纳出具有参考价值的成果。希望借助拙作的面世，为美丽乡村的建设和乡村的全面振兴，彰显赤诚之心，贡献绵薄之力。

该书首先介绍了乡村旅游的发展进程。随后从全域旅游引入，阐述了村落景区的概念，阐述了其资源要素和分类。又以浙江省杭州市临安区为例，剖析村落景区发展的现状与挑战，并针对性地提炼出村落景区的规划策略与模式。最后，结合研究团队近几年具有代表性的村落景区实践项目，探讨村落景区的建设思路、具体方法和设计方案，以期为类似村落景区的项目建设提供规划设计思路和借鉴。本书的撰写和出版主要依托于浙江省一流学科——浙江农林大学风景园林学科和浙江省重点研发计划"浙江省乡村生态景观营造技术研发与推广示范（2019C02023）"。

在本书的编写过程中，得到了浙江农林大学风景园林与建筑学院的领导、同事、学生们，以及浙江农林大学园林设计院设计师们的大力帮助。斯震、陶一舟、尤依妮、张亚平、董海燕等老师提供了非常宝贵的建议，设计师郑吉、黄超凡、刘强、吕方剑、陈臻浩、鲁翠玉等提供了部分素材，以及研究生陈维彬、丁亚萍、陈思凡、师青霞、钱家豪、周玥含、郑玮佳、何初航、沈佳欢、童湄清、蔡梁、胡海琪、徐涛、吴龙海、陈浩南、王静、许国勇、王胤懿、余孙哲、程晓梦等协助整理书稿，在此一并表示由衷的感谢。

浙江农林大学风景园林与建筑学院 副教授

2020年9月

第 1 章

乡村旅游漫谈

第 2 章

从村落到景区

第3章
村落景区规划策略与模式

第4章

村落景区实践案例

第 / 章
乡村旅游漫谈

On Rural Tourism

"日暮乡关何处是，烟波江上使人愁"。唐代诗人崔颢的乡愁，为千万人传诵千年。明明是一种愁，缘何却引发了人们的高度共鸣，使得一代代人反复回味、吟咏？

何谓乡愁？乡愁会是脑海中浮现的一个个乡村故友的鲜活身影，会是眼前呈现的一幕幕田间劳作的生活画卷（图1-1-1），会是耳畔飘过的农家小调的质朴旋律……有时甚至会触发更加具体、细腻的感知，是儿时依偎在父亲怀中，从筷子尖嘬到的几滴甘澧；是儿时痴等在母亲身后，从灶台上熏得的几缕稻香；是儿时匍匐在邻家的地瓜田里，拨弄炙烤着偷来的地瓜时那无法下手的炽热的温度……世事变迁、物是人非，这大抵便是乡愁对于个人的意义罢，源于点滴、彰于平时、显于细节。想到鲁迅先生将儿时的记忆唤作"朝花"，将晚年回忆往昔

图1-1-1 稻花香里说丰年（Nigel Pipe 摄）

岁月的行为唤作"夕拾"。乡愁的朝花日渐飘零，我们还能否夕拾？如何夕拾？

这种"思念"与"挂怀"触发了乡村旅游的萌生与兴起，也使其在一般旅游的基础上，增添了"共情"与"传承"的特点。

"一草一木总关情"。一般旅游似乎是去好友家做一次客；而乡村旅行恰如早年漂泊在外、而今成家立业的游子归家看望坐在门头翘首以待的老父老母，虽是在外见足了世面，可眼前这个门头却有无可替代的意义。只有在此时此地，那个游子仿佛才可以变回曾经天真烂漫、无忧无虑的顽童；只不过无意中瞭见了母亲新增的几缕银丝与父亲日益佝偻的脊背。在乡村旅行中，有"少小离家老大回"的感触，有"曾经沧海难为水"的执念，有"归来仍是少年"的畅快，有"子欲养而亲不待"的悲切（图1-1-2）……

与意义重大的"回老家"式的传统乡村旅游相比，当下的乡村旅游更增添了几分随性，抑或是逃离城市生活的慵懒。"朝九晚五"的都市生活中可曾再见日月晨昏的绮丽变化？"做五休二"的都市生活中可曾再见"春耕、夏耘、秋收、冬藏"的四时盛景？删去满满的工作日程，从繁忙的事务中松口气，邀约三五故友，把酒言欢，重拾旧日的美好回忆。掐掉"声声催更急"的闹钟，从钢筋混凝土的丛林中抽身。扶老携幼，徜徉于阡陌纵横的田间小路，鸡犬相闻中贴近纯真与自然（图1-1-3、图1-1-4）。

走在笔直的田埂上，忽而惊起一行白鹭，视线紧紧追随，直直望向天穹。正看得出神之际，倏忽一对黄蝶在眼前翩然飞过，落在不远处的树梢上，正要追上几步，又换到了那一盏花朵。若是再追得急些，便消匿于密林中了。树丛中星星点点的红，定睛一看，竟是熟透的梅子。只可惜看着养眼，摘下来囫囵吃下，却还存几分酸涩。正当同行的"驴友"嘲笑你这贪嘴的恶果，殊不知弄堂里的一

图1-1-2 归家

条柴犬正因你们的贸然打搅而恼怒。每一处街头巷尾都是上演生活故事的小舞台（图1-1-5、图1-1-6）。乡村旅行是陈旧题材演绎出的新的生活方式，是对程式化的都市生活的反思与抗争。

图1-1-3 麦田里的落日（图片来源：Pixabay）

图1-1-4 农忙

图1-1-5 街角的老奶奶

图1-1-6 深巷

若是再往下思忖，待到村中的老砖墙日渐残破倾圮，待到村头的老水井日渐干涸，待到那个骑行的少年路过村庄，向老者问路时，已全然听不懂老者的乡音时，我们还能否找寻到被荒草荆棘覆盖的路径？我们还能否看到万家灯火下的缕缕炊烟？我们还能否听到余音绕梁的热闹社戏？专程开启一场时光的约会，在子孙心中播下乡野自然与传统智慧的种子，既是旧时的故人，又是今日的游客。在怡然间，故情故景得到演绎再现与发展传承。

　　乡愁即逝，即旅即行；乡愁且在，且旅且行……

1.2.1 起源与演变

旅游作为一种休闲活动，是社会经济发展到一定程度的体现，说明人们可以放下繁忙工作，有足够多的时间与消费能力。而乡村旅游作为现代旅游业向广大农村地区延伸的尝试，逐渐成为我国旅游业的重要组成部分。乡村旅游最早起源于较为发达的西欧，发展至今已有一个多世纪的历史。

1. 起源

关于乡村旅游的起源，国际上目前主要有两种说法：一种说法是乡村旅游起源于1855年法国一名参议员带领贵族去乡下度假，与当地村民同住，体验乡村生活，此后乡村旅游便在欧洲盛行起来；另一种说法是1865年意大利"农业与旅游全国协会"的成立，是乡村旅游诞生的标志。总之，乡村旅游最早起源于19世纪的欧洲这一说法得到大家的广泛认同。而国内乡村旅游起步较晚，国内大部分学者认为国内乡村旅游起源于20世纪80年代的农家乐旅游。但我国自古以来就有在城市居住的达官显贵及士大夫等结伴去郊外"踏青"的习俗，并且使用牛车、马车、旅馆等交通、住宿设施。这表明古时的踏青活动已具有现代乡村旅游的部分特性，可以说是乡村旅游的雏形。

2. 演变

从乡村旅游的起源上，不难发现国内外乡村旅游兴起的共同特征：由城市贵族阶级发起的，从喧闹城市返回淳朴乡村，寻求贴近自然的全新生活体验。在工业革命和第二次世界大战之后，随着城市化的迅速发展，城市居民对乡村生活的向往愈加强烈，国际乡村旅游体系也逐渐成熟和完善。

旅游新形式：20世纪60年代初，西班牙最早对农场、庄园进行改建、规划，提供骑马、登山、漂流、参加农事活动等多种休闲娱乐项目，并开办了一些务农学校、自然学习培训班等吸引城市居民来访，从而拉开了乡村旅游发展的序幕。此后，德国、美国、日本、荷兰等国家争相效仿，积极倡导乡村旅游。

产业化经营：乡村旅游不再满足于单纯地欣赏田园风光，取而代之的是以观光休闲功能为主的观光休闲农业园。即以观光休闲活动为主，结合"购、食、游、住"等多种方式进行经营的一种具有一定规模的旅游产业业态。同时，规模化经营促进了农民就业，也相应催生了乡村旅游的相关从业人员。由于乡村旅游同时具有农业和旅游业的特性，从而脱离了农业和旅游业，成为两者共同发展、相互结合的交叉新业态（图1-2-1、图1-2-2）。

功能多元化：20世纪80年代，随着人们休闲度假旅游需求的日益增大，观光农业园由单一的观光休闲功能向度假、体验、教育、生态、科研等功能多元化扩展，打造了一系列兼具"生产、生活、生态"功能的休闲农场、度假农庄、教育科普农园、生态农园、乡村图书馆等（图1-2-3）。

文化体验式：20世纪90年代，一些国家推出了乡村文化旅游，将民俗风情、民族文化、农耕文化、地域特色、节庆活动等融入旅游体验项目中。更加注重乡村旅游受众的精神感观体验，提升乡村旅游的文化内涵，成为宣传和弘扬当地文化的"名片"（图1-2-4）。

随着国际乡村旅游的快速发展和演变，乡村旅游也受到越来越多的学者的关注。有学者对我国自乡村旅游年（2006

图1-2-1 乡村房车营地（诸暨电视台提供）

图1-2-2 乡村创意集市

图1-2-3 乡村图书馆

年）以来的乡村旅游相关研究进行了分析总结（表1-2-1），为我国乡村旅游产业的进一步提升和完善提供了理论借鉴。

图1-2-4 舞龙（诸暨电视台提供）

国内乡村旅游研究发展阶段 表1-2-1

发展阶段	时　　间	特　　点
萌芽阶段	20世纪90年代中后期	随着农村的基础设施建设，形成了观光旅游潮，乡村旅游成为国内旅游市场的重要组成部分；相关研究主要集中在乡村旅游的概念界定、国外相关文献的综述以及经验借鉴
发展阶段	21世纪初	城市开始出现一系列环境问题，乡村旅游产品受到越来越多的城市居民的青睐，国内乡村旅游稳步发展；有关乡村旅游的研究论文数量持续上升，研究视角和关注范围不断拓展；国家旅游局将2006年定为"乡村旅游年"
成熟阶段	自21世纪初至今	乡村旅游学界研究视角开始跳出旅游的角度，采用多学科交叉、定性与定量相结合的研究方法，这表明国内学界对乡村旅游的研究进入成熟阶段

1.2.2 发展模式

乡村旅游最早起源于欧洲，而东亚地区如日本、韩国以及我国的台湾地区，由于相对较早地接触了西方理念，其发展已初步形成体系。各国针对本土乡村的基本情况，经过不断的实践，总结出适合自身乡村旅游发展的模式，对国内面积广阔、自然资源丰富的乡村地区的旅游建设具有重要借鉴意义。

1. 美国模式

美国国土广袤，但是人口并不多，且大多数集中在东西海岸，据统计美国约90%的居民生活在4%的国土上。也就是说美国大城市区域的人口聚集效应较为明显，乡村人数逐年下降，年轻人纷纷离开传统农业地区，去城市寻找新的产业就业机会，城乡二元结构差距已经凸显。自20世纪70年代以来，美国经济结构调整和农业危机导致乡村经济机会减少，这些变化迫使许多人寻找非传统的方式来维持乡村经济，其中最受欢迎的就是乡村旅游。

美国乡村旅游开发模式是指在地方政府的支持和参与下，筹集充足的开发资金，进行合理的旅游战略规划。同时，通过开发商、企业家的协调合作以及旅游开发推广技术的支持，制定乡村旅游公约、旅游宣传策略并设置游客服务中心等。在选址上，多注重开辟大型郊游区或利用原有农场、牧场进行改造、扩建，举办各类旅游项目（图1-2-5）。在类型上，主要有观光型乡村旅游、休闲

图1-2-5 美国郊区牧场

图1-2-6 美国乡村酒庄

图1-2-7 乡村园艺花卉市场

型乡村旅游、文化型乡村旅游三类。在旅游项目上，主要以游钓、野营、骑马等休闲活动为主，兼具一些农事、园艺活动（图1-2-6、图1-2-7）。在美国每年参加农业旅游的人数多达二千多万人次。

2. 英国模式

英国作为老牌的资本主义发达国家，其高度城市化与发达的经济为发展乡村旅游创造了充分的条件。英国是世界上开发乡村旅游最早的国家之一，早在20世纪50年代就开始了乡村旅游方面的探索。经过自20世纪90年代至今的二十多年的发展，英国发展出了规模较大的乡村旅游集团，其乡村旅游景点的受欢迎程度不亚于主题公园等常规的旅游目的地。正是英国国土面积有限、高度城市化和旅游区之间联系密切的特点，使得英国的乡村旅游形成了一套具有区域互补性、共生关系和向外辐射的旅游规划复合系统。

英国伦敦城郊沿绿环带建有一大批公园和野餐地，供市民游憩。这促使英国形成了著名景点与乡村旅游二者可持续发展的双效模式：在一定条件下，自然景观以及著名、大型人文景点不仅能够大幅增加游览农村地区的人数，而且通过适当的政策支持，可以巩固这些乡村的长期可持续发展。

3. 日本模式

日本作为东亚经济较为发达的国家，其城乡关系的平衡、协调发展以及乡村再造的积极经验值得我们借鉴。日本是乡村旅游的重要发源地，在第二次世界大战结束以后，日本乡村社会呈现发展停滞和老龄化的趋势。为拉动乡村经济发展，日本积极学习西欧国家，将乡村旅游视为农业地区经济创收的重要措施。

日本开展乡村旅游建设的目的是吸引城市人口回归乡村，重构乡村传统社会，也使得传统习俗能够得到传承。经过近半个世纪的发展，日本已形成了较为成熟的旅游体系，具有代表性的旅游模式是务农式的都市农场旅游。日本乡村旅游项目主要有观赏自然风景（山岳、海岸风景、植物资源等）、看民俗文化（乡土习俗、农业专类园、乡土博物馆等）、体验乡村生活（农业生产设施、田园生产地、手工作坊）、品尝乡土料理、购买传统工艺、体验乡间民宿六大产品类型，并形成了一套成熟通用的标识，吸引了大批国内外游客（图1-2-8~图1-2-10）。

4. 其他国家和地区

除此之外，法国、德国、新西兰等国家以及我国台湾地区也都以发展乡村旅游经济为目标，形成了符合自身经济、建设条件的乡村旅游模式。法国成立休闲农业常设会议机构，在城郊地区建设观光果园，提供休闲、采摘、品酒等旅游项目，大大提升了农民的经济收入。韩国在政府的积极支

图1-2-8 日本乡村海岸风景

图1-2-9 日本乡村民宿料理

图1-2-10 乡村车站的特产销售

持和严格管理下，建设集餐饮住宿、农事体验与文化娱乐等于一体的观光农园和周末农场。德国度假农场吸引了大量游客前往农场度假，欣赏田园风光，并体验农场生产与农家生活，或将城郊土地租给市民种花、草、树木、蔬菜、果树或庭院式经营。新西兰根据自身的农业特色，充分利用丰富的牧场资源，围绕绵羊主题举办"牧场之旅"，并开展花园旅游、花展活动。我国台湾地区的乡村旅游主要以休闲农庄经营为主，如观光农园、休闲农场、市民农园、教育农园等不同主题的旅游项目，极大地促进了农业地区的经济发展。

1.2.3　驱动因素

图1-2-11 乡村农贸市场

图1-2-12 农家小菜

乡村旅游代表了个性、轻奢、自由、回归、养生、闲适、社交、商旅等诸多特质。越来越多注重生活品质的游客喜欢上了象征个性、自由、回归的乡村旅游，越来越多的家庭来到乡村体验田园生活，越来越多的老年人开始到乡村寻找童年记忆、休闲养生。如果说在古代，文人士大夫热衷"归园田居"的原因主要是厌倦了宦海沉浮而辞官还乡、回归田园、借景抒情等，那么今天的中国人对于乡村旅游则又有了许多新时代下的心理期望。

在感性层面，从旅游六要素看乡村旅游的驱动因素。

吃： "民以食为天"，虽然食不果腹的年代早已远去，但吃在人们的心目中还占据着重要地位。所不同的是，过去注重的是"量"，而现在更注重"质"。从吃得饱到吃得好的转变正是乡村旅游发展的一大契机。再者，在经济日益发展的今天，大鱼大肉已经不再是人们的追求；生态、营养的农家小菜以及民间特色小吃越来越受到人们的喜爱（图1-2-11、图1-2-12）。

图1-2-13 新安江乡村民宿

图1-2-14 日本浅间温泉民宿

住："住"主要体现在生活环境和生活空间上。现阶段正处于居民生活方式转变的阶段，工业化和城市化进程使得城市资源逐步稀缺，空间趋于狭窄，环境越发恶化，人们迫切需要一个释放身心的生活空间。而乡村的不少民宿、度假酒店可以为人们提供纯净的自然环境、舒适的休憩空间以及古朴的乡村人文气息（图1-2-13、图1-2-14）。

行：在交通网络覆盖全国的今天，人们可以选择的出行方式五花八门，方便而快捷。由于汽车产业的发展，许多人会选择自驾游，这也为乡村旅游的发展提供了更多的契机和便利。我国的汽车拥有量在2010~2015年增加了1亿辆，现在以每年2000万辆的速度在增长。而旅游大潮中，自驾游客占游客总数的一半以上，其中三分之一的人选择了乡村旅游。由于自驾游的游客较多，驾车出游的沿途风景和道路标识系统则更加重要，采用富于创意的方式将道路沿线的美丽乡村连接起来，可以打造地方特色文化旅游体验之路。而在目的地游玩时，人们倾向于租赁单车代替步行游玩，因此在规划时，对于自行车停放空间也需多加考虑（图1-2-15、图1-2-16）。

图1-2-15 乡村旅游线路标识

图1-2-16 兰里景区自行车租赁点

图1-2-17 融入自然的乡村

　　游：城市生活空间寸土寸金，比较局促，生活与工作空间不像乡村那样宽敞，除了去公园，人们难以接触到山水、花鸟、鱼虫和自然。乡村则是以大地为床、以星空为被、以山水为屏、以鸟鸣为乐，人在景中、景在画中。在城里，人们的内心郁积了错综复杂的事务和满满的压力：剪不断，理还乱。到乡村，人们可以寄情山水，亲近自然，勾起心中那份柔软的对大自然的热爱（图1-2-17）。

购：在旅游的过程中，人们常常喜欢购买特色商品留作纪念或馈赠亲友。乡村由于其浓厚的民风民俗、乡土资源，那些带有地方文化和乡土韵味的商品往往能满足人的猎奇心理（图1-2-18）。一些文化产业型的乡村旅游依托当地文化和民俗，塑造浓郁的文化氛围，打造相关的文化体验产品，形成自己独特的核心卖点，如北京的高碑店村等。此外，一些创意产业型的乡村旅游把文化创意产业和新型农村社区建设相结合，打造各种创意村，并且依托这一产业，进行上下产业链的深度打造，形成自身的核心竞争力，如舟山市南洞艺谷景区里陈村的特色壁画（图1-2-19）。

娱：对于长期生活在城市甚至在城市出生长大的人来说，一些类似于玩泥巴、捉泥鳅、垂钓、烤地瓜之类的乡村趣事都有着莫大的吸引力。对于他们来说，在乡村，人们的天性会得到解放。另外，部分乡村挖掘当地的自然人文资源、特色工艺、传统饮食，同时结合时令民俗、节庆活动、民间歌舞

图1-2-18 热闹的乡村商铺

图1-2-19 舟山陈村特色壁画

等，构建旅游活动，往往能形成一种强烈的民俗文化氛围，勾起游客的强烈好奇心，因此受到了游客的大力追捧。

除此之外，从理性层面看，推动中国乡村旅游发展的还有3个因素，即政策引导、投资驱动和新消费革命。

政策引导： 自2003年中央一号文件开始，国家已经连续15年聚焦农业、农村、农民问题。在过去10年间，中央及有关部委发布的与乡村旅游有关的文件多达二十多个，成为乡村旅游快速发展的推动力量。

投资驱动： 2015年，我国整个旅游投资达到1万亿元以上，其中3000多万元的投资与乡村旅游相关，约占总投资的三分之一。2017年12月，由中国旅游与民宿发展协会发布的2019年度民宿行业发展研究报告中显示：近年我国民宿客栈总量急剧增加，呈现爆发式增长。截至目前已经达到134万家。在助力经济增长、推动乡村振兴方面发挥着日益突出的作用。

新消费革命： 从1985年到现在，我国共经历了3次消费革命。第一次是1985~1999年，以满足人民的衣食家用为主题，彩电、冰箱、洗衣机是热点；第二次是2000~2014年，主要是满足住行的需求；2015年以来我们进入了第三次消费革命时期，它是全新的消费升级，主要是满足人们的精神需求和对生活品质的较高需求。旅游、健康、智能是这一时期的消费热点。

1.2.4 发展趋势

近几年，我国乡村旅游的快速发展，为农业、农村和农民带来了众多利好，加速了农村面貌的改变和农村群众致富。面对大众旅游时代的新特点、新形势，乡村旅游转型升级和供给侧结构性改革成了热点话题。国家统计局发布的数据显示：2017年末，我国城镇常住人口81347万人；城镇人口占总人口的比重为

58.52%。从发达国家的经验来看，当城镇化率超过50%，必然会经历从城市化到逆城市化的过程，即乡村再造过程（图1-2-20），而乡村旅游是乡村再造的绝佳契机和途径。当下农家乐、休闲农业、特色小镇、村落景区等都是人们追求的对象，乡村旅游近几年已成为旅游产业的主流。

图1-2-20 乡村肌理

有关数据显示：中国每年国内旅游人次达36亿人次，其中18亿人次在乡村，由农民直接接待的至少在6亿人次以上。来自全国休闲农业会议的数据显示：2016年全国休闲农业和乡村旅游接待游客近21亿人次，营业收入超过5700亿元。而据中国旅游研究院和中国电信旅游大数据联合实验室的大数据测算结果：2016年国庆长假全国出游超过10公里并6小时的游客总计约1.86亿人次，其中乡村旅游人次约为1.29亿人次，约占国庆出游人次的70%（图1-2-21）。2017年"五一"小长假全国出游超过10公里并6小时（不含工作等非旅游动机）的游客总计约1.34亿人次，其中乡村旅游人次约为0.79亿人次，约占同期旅游总人次的58.6%。

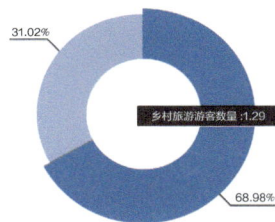

图1-2-21 2016年国庆长假出游人次（亿人次）

从20世纪80年代中期到现在，中国的乡村旅游经历了初创期、发展期、扩张器和升级期4个时期。2016年是中国乡村旅游发展具有里程碑意义的一年，中国乡村旅游从过去的小旅游、中旅游进入到大旅游时代，它有以下3个显著特征：

一是大规模，乡村旅游人次达13.6亿人次，平均全国每人一次，是增长最快的领域。

二是大产业，乡村旅游不再是"农村旅游"和"农业旅游"，而是成为与城市相对应的一个空间概念；逐渐形成一个新的大产业，包括乡村旅游观光、乡村休闲度假等。

三是大影响，国内政策及人们对乡村的广泛关注，使乡村旅游成为新的生活方式。

综观国际乡村旅游发展模式,乡村旅游与乡村产业经济的关系密不可分,并极大地促进了乡村振兴、城乡统筹发展。大陆地区乡村旅游虽起步较晚,但发展至今乡村旅游项目层出不穷,景点规模扩大、功能增加、分布扩散,呈现出较为良好的行业态势。各省市针对自身情况分别提出不同的乡村旅游评选模式与发展方向,如浙江省提出3A级景区村庄;江苏省提出推动四星、五星级乡村旅游区建设发展;山东省根据乡村旅游侧重点的不同,提出休闲农业示范点、美丽休闲乡村、齐鲁美丽田园以及山东省休闲农业精品园区等;安徽省则侧重于鼓励社会资本在乡村旅游中的利用,提出安徽省全国休闲农业与乡村旅游星级企业园区(表1-2-2)。

通过统计分析国家旅游局发布的全国特色景观旅游名镇与中国乡村旅游模范村名单,可以发现乡村旅游目的地多集中在东部沿海地区以及内蒙古、河南等自然资源、人文民俗与东部经济发达地区迥异的地区。这一方面反映出经济发展带动区域内的乡村建设并催生乡村旅游目的地的衍生,另一方面也反映出我国东部地区居民对于追求景观异质性以及体验不同乡村风情的需求较大。从总体来看,浙江、山东、江苏三地代表了目前中国乡村旅游发展的现状。与之共通的是这3个省份的经济、社会发展水平比较高,长期处于我国GDP排名的前四位,且这3

部分省份乡村旅游发展情况　　　　　　　　　　　　　　　表1-2-2

省　份	乡村旅游发展情况
浙江省	大力推进3A级景区村庄建设,2017年11月公布第一批3A级景区村庄,全省共有285个村庄列入其中;着力扶持农家乐特色村(点)建设,截至2018年,有农家乐特色村52个,特色点56个
江苏省	开展星级乡村旅游区的培育评定工作,2018年1月公布了江苏省五星级乡村旅游名单与四星级乡村旅游名单,乡村旅游区分布较均匀,苏南、苏北占比相当
山东省	乡村旅游模式多元,休闲农业产业与乡村旅游并举,促进社会资本的投入与村集体的自身谋划;截至2018年,山东省公布休闲农业和乡村旅游示范点22个,美丽休闲乡村24个,齐鲁美丽田园24个,休闲农业精品庄园23个

个省份的乡村旅游起步较早，具有一定的典型性与代表性（图1-2-22）。

图1-2-22 浙江古村落

由于我国现阶段的基本国情、乡村振兴战略在全国各地的积极实施以及全球经济多元化，乡村旅游呈现"业态多样化、产品多元化"的可持续发展趋势。王敏娴和唐代剑（2018）根据新时代乡村发展的要求，提出乡村旅游的新模式、新业态和新管理（表1-2-3），对乡村旅游的未来发展趋势进行了深入探讨。

结合当前国际乡村旅游发展和人类命运共同体趋势，乡村旅游虽已成为农村经济的支柱产业，但仍需继

乡村旅游发展趋势 表1-2-3

建设方向	类型	内　容
新模式	精英模式	即精英群体（投资者、企业家、研究员、艺术家等）返乡创业或居住，带动乡村旅游产业建设并形成示范效应
	合伙模式	与股份合作制类似，以"村集体+龙头企业"共同参与的发展模式为主，有助于扩大乡村旅游产业的规模
	B&B模式	即 Business & Business 模式，乡村旅游地的相关各企业或组织开展合作，进行统一化、系统化、有序化运营
新业态	主题体验类	依托乡村旅游地特色突出资源，开发主题旅游活动，让游客参与其中，充分展现主题品牌效应
	产业聚集类	结合一二产的资源优势和三产的经济优势，促进农村一二三产的融合，推动现代农业经济体系的形成
	主题游憩类	围绕某一特定主题，设置服务接待设施，开展满足现代人偏好的多层次娱乐游憩活动项目
新运营	村集体制	由村委会统一规范和管理的乡村旅游项目开发和经营，村民自愿参与，但必须接受村集体的管理，或土地入股
	公司制	政府、村集体不干预，由外部资本入驻，专业公司全权负责乡村旅游项目的开发和运营，且经营权和收益权归公司所有
	农户自治	突破原有"农户+农户"的模式，由当地从事旅游经营的农户自行组织成立公司，管理乡村旅游的开发和经营

续提升产业结构和创新产品特色。在政策方面，为推动乡村振兴战略的实施，应将乡村旅游发展纳入农村地区扶贫脱困的重大项目，从而实现乡村全面可持续发展。在资源利用方面，应强调乡村自然人文环境的原真性，充分利用乡土材料和乡土植物，保持乡村资源的独特性和地域性（图1-2-23、图1-2-24）。在旅游产品方面，乡村旅游应创新旅游项目，将产品选择多样化、方式自助化，扩大旅游受众规模，这是确保产业热度经久不衰的源源动力。从而实现乡村旅游客源从地方局限性和群体针对性向跨地区、国际化、多元化的方向转化。

图1-2-23 乡间小院

图1-2-24 古村落建筑群

1.3.1　日本白川乡合掌造村落

白川乡位于日本岐阜县大野郡的白川村，与日本北陆地区的富山县和石川县接壤，村域面积约356.64km²；属于日本本岛中部，归属日本东海地区，是四面环山、水田纵横、河川绕村的传统古村落（图1-3-1）。

白川乡凭借村内"合掌造"特色建筑、与自然环境融为一体的村落肌理，以及历史悠久的传统文化，吸引着络绎不绝的游客来此观光。当地村民充分利用这些资源，形成了内生驱动型乡村保护与开发模式，并通过合理的旅游开发，促进区域联动发展，提升了村民的经济水平。

图1-3-1 大山里的白川乡

图1-3-2 "合掌造"房屋

图1-3-3 乡村美术馆

图1-3-4 古民居里的农具展览

1. 古建筑保护与利用

白川乡的传统建筑"合掌造"为三百多年前当地村民为适应严寒的雪季而打造的居住建筑，为便于清除厚重的积雪，将屋顶设为约60°的斜面，外观有如双手合掌，因此得名"合掌造"（图1-3-2）。"合掌造"建筑群因独特的历史价值，于1995年入选世界文化遗产名录。但随着日本现代化建设进程的推进，多数古建筑遭到拆除，现存仅一百多栋。白川乡村落保护协会在保护建筑原貌的基础上，为发展旅游产业，将无人居住的空置房屋进行改造。其中12栋开发为乡村料理店，5栋为传统手工艺品售卖店，15栋为乡村民宿，此外还有8栋被开发为乡村美术馆（图1-3-3）、民俗博物馆（图1-3-4）等公共建筑，为来访游客提供"吃、住、游、购"服务。

2. 尊重自然的农旅结合发展

为延续白川乡几百年来形成的和谐人地关系，村民们严格遵守白川乡的《住民宪法》，对原有水田、农田、道路、水渠（图1-3-5）等山村形态进行原真性保护。白川乡耕种农业历史悠久，主要以种植水稻（图1-3-6）、荞麦、果蔬等农作物为主，具有一定的畜牧养殖和农副产品加工产业基础。为提升村落的整体经济效益，白川乡制定了农业发展方向和相关政策，将当地农业资源与旅游观光产业紧密结合，把当地农副产品以及加工的绿色食品作为旅游产品。如此，游客既可以观赏村庄风景，体验乡土风情，又可以品尝或购买当地新鲜的有机农产品。同时，结合乡村特点进行商业街的整体风貌规划，如小卖

图1-3-5 养鱼的路边水渠　　　　图1-3-6 白川乡稻田风景　　　　图1-3-7 白川乡工艺品店铺

部、纪念品商店、土特产店、料理店等的店面装饰，充分利用乡土资源，展现独特的手工艺和乡土特色（图1-3-7）。

3. 乡土文化资源的挖掘与利用

白川乡除了得天独厚的自然环境和独具特色的"合掌造"建筑之外，还有多样的传统民俗文化。为增加旅游项目的趣味性，白川乡深入挖掘本地传统民俗文化，如在白川乡有着一千多年历史的传统节日——"浊酒祭"。每年10月，白川乡家家户户张灯结彩，开展隆重的祭祀仪式，从祝词到乐器演奏、假面歌舞、化装游行等都进行了系统设计，为游客呈现一场视觉盛宴。除大型节日庆典外，村民们还组织了富有当地传统特色的民歌歌谣表演，把传统人力插秧边唱秧歌边劳作的方式作为一个观光项目。游客可以主动参与，体验农事劳作带来的快乐。

1.3.2　陕西礼泉袁家村

礼泉县袁家村位于我国陕西省关中平原腹地，地势西北高、东南低，地貌分为南部台塬和北部丘陵沟壑区两大类。袁家村建设前只是一个普通的村庄，旅游资源并不突出，但其周围遍布着丰富的历史文化资源和人文资源。如距袁家村1km的唐太宗昭陵是全国第一批文物保护单位，也是世界上最大的皇家陵园。因此，袁家村取长补短，以"关中印象体验地"为旅游发展规划目标，建设独具关中特色的民俗度假村，与周边景区联动经营。袁家村拥有"中国最具魅力的休闲乡村""国家特色景观名村""国家4A级景区"等称号，并构成以昭陵博物馆、唐肃宗建陵石刻等历史文化遗迹为核心的集点、线、带、圈于一体的旅游体系。

1. 关中民俗主题体验

袁家村最初的业态是单一的小吃街，后以旅游产业为主要驱动力，以关中民俗体验为主题，促进新业态发展。利用当地特色历史建筑的修建，引进艺术街、酒吧街（图1-3-8）、民俗街等，延长了乡村旅游产业链，以一二三产融合发展为目标，增强了旅游业与农业的联系。袁家村最具特色的旅游项目主要有参与关中地区农副产品作坊的传统生产活动、品尝关中地区饮食文化的商贸活动、体验关中地区传统文化的游览活动（图1-3-9）、仿古乡村院落的休闲度假活动，以及田园蔬果采摘、户外烧烤和垂钓等娱乐活动。除此之外，袁家村为体现关中

图1-3-8 乡村酒吧街

图1-3-9 皮影戏表演

民俗主题特色，结合旅游项目的设置，对生产作坊、饮食街、民宿等街巷、古民居建筑均进行统一规划，打造具有关中地区乡土特色的活动场所。

2. 企业化运营与管理

袁家村以村集体运作、企业化运营和管理。在村集体领导的企业的支撑下，村民纷纷参与到乡村景区的建设和运营中。旅游开发者也积极与村民互动，引导村民学习管理和运营方面的知识，共同构建乡村经济体系，实现乡村产业振兴。同时，袁家村还形成了"支部引领、党员示范、群众参与"的运营机制，在基层党支部组织的带头作用下，招商引资，合力搭建农民创新创业平台，激发本土企业、青年人才和农民们的创业激情，从而增加乡村地区农民的就业率，带动周边地区的经济增收。

3. 民俗文化场景还原

为了契合关中的民俗风情主题，填补村内缺少古建筑遗迹的空白，开发投资者从关中其他地区购买了3座古建筑，整体拆卸运回，并按原貌重建。结合原来的醋坊、油坊、布坊、辣子坊及地方特色小吃店等，建成民俗文化一条街，丰富游客体验（图1-3-10、图1-3-11）。为保证古建筑的"原汁原味"，规划十分注重古建筑装饰的雕刻艺术，不仅石雕、砖雕、木雕装饰构件兼备，制作工艺也极为考究（图1-3-12）。此外，关中印象体验区的步行街还用青石墁地，一侧设宽约30cm的明渠（图1-3-13），颇具古朴的韵味。街巷内利用拴马桩（图1-3-14）、农耕工具、石碾、石槽等乡土材料、构件进行景观设计，提升了关中民俗主题的整体韵味，增强了乡土民俗文化意境。

图1-3-10 民俗文化街

图1-3-11 特色小吃街

图1-3-12 砖雕

图1-3-13 道路一侧的明渠（左图）
图1-3-14 路边的拴马桩（右图）
图1-3-15 乡村儿童乐园（上图）
图1-3-16 田园东方蜜桃故事馆（下图）

1.3.3　无锡阳山田园东方

在江苏无锡市有国内首个集生态农业、旅游度假、田园旅居于一体的田园综合体项目，即无锡阳山田园东方。该项目位于号称"中国水蜜桃之乡"的无锡市惠山区阳山镇，规划占地面积约为416hm^2。

在新田园主义思想的指导下，无锡阳山田园综合体充分挖掘乡村要素，将整个区块打造成集农业种植、乡村儿童乐园、田园大讲堂、园区特色手工业销售于一体的自循环体系，形成了独特的田园东方"蜜桃"品牌（图1-3-15、图1-3-16）。

为呈现出传统江南乡村的田园风光，规划打造了现代农业、休闲文旅、田园社区三大板块。在规划中，处处体现出田园综合体的六大特征。

1. 以产业为核心、以乡村振兴为目标

生态高效农业板块是田园东方的核心产品。田园东方凭借其特有的田园特色产业开展一系列运营活动，打造区域特色鲜明的现代科技农业产业园。春天，万亩桃林竞相开放，配合千年古刹，开办阳山桃花节，吸引各地游客；夏天，阳山著名特产水蜜桃成熟，阳山水蜜桃凭借形美、色艳、味佳、肉细、汁多甘厚、入口即化等特点驰名中外，可实现游客对桃源农耕文化的向往；秋日是青鱼最肥美的时节，捕鱼成为最应景的活动；冬日，田园东方充分利用安阳山珍贵的亿万年火山温泉打造"桃花泉"，面朝大山，亦似有春暖花开的别样美景。

图1-3-17 咖啡馆

2. 以基础设施为支撑、以文化为灵魂

文旅板块是田园东方得以快速发展的引擎产品。拾房清境文化市集包括主题餐厅、咖啡厅、特色面包房、图书室、主题亲子乐园、田园市集等项目（图1-3-17~图1-3-19）。该市集建成于2014年，由清境集团台湾原创团队担纲策划。他们重新梳理了阳山镇的自然生态特点和拾房村的历史记忆，在此还原了一个重温乡野、回归童年的田园人居。将乡村生活与休闲度假相结合，打造了活化乡村、感知田园的城乡生活第一品牌。

图1-3-18 书院

项目里最为著名的当属拾房改造。在拾房旧址上，以就地取材、修旧如旧为原则，选取了10栋老建筑进行保护修缮与改造。项目保留了拾房的一砖一瓦与村内的古井、池塘和

图1-3-19 乡村铺子

图1-3-20 乡村小景

图1-3-21 田园生活馆

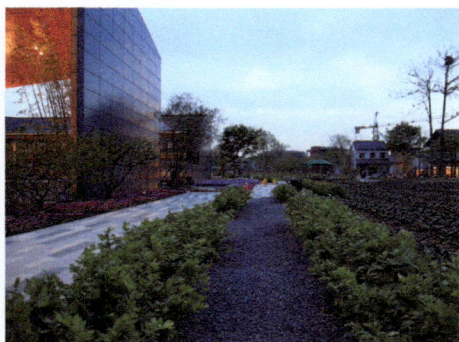
图1-3-22 菜畦景观

原生树木。在最大限度地保持村庄原生形态的基础上，与田园主题相结合，引入质朴的乡村生活方式，并赋予其新的功能，如主题餐厅、原乡民宿等。项目策划者认为蔬菜也可用于造景，故以菜畦肌理为元素，打造了现代乡村景观（图1-3-20~图1-3-22）。

3. 以旅游为先导、以体验为价值

田园社区板块与清境旅游投资管理公司合作，集体搬迁原住民，保护拾房旧居。融入文创设施和现代化建设，进行情景化营销，加入休闲游憩区域，打造田园休闲氛围，延长游客滞留时间，刺激游客消费。

田园东方旨在为都市人群塑造一个别具乡村浪漫主义情调的休闲之地。来此休闲度假的游客占客群总量的80%~90%，所以住宅别墅区是项目的重中之重。首期着重打造低密度社区，将土地、农耕、生态、阳光等多种元素融入整个别墅区的建造中，打造户户邻水的田园别墅群。别墅区位于项目基地南侧，按照度假排屋的样式布局，观景性强，户户都带有大露台和室外平台，且户户邻水，田园风貌贯穿整个设计。别墅区主要面向来自上海和无锡的消费者，销售或长期租赁。这些消费者每逢周末、节假日便会来此地度假休闲。

第 2 章
从村落到景区

From Village to Scenic Spot

2.1.1 从全域旅游说起

随着我国旅游需求规模的扩大、旅游消费水平的提升，我国已经进入了大众旅游时代，国内旅游呈现井喷式发展。在2016年的全国旅游工作会议上，国家旅游局局长李金早提出必须转变旅游发展思路，变革旅游发展模式……推动我国旅游从"景点旅游"向"全域旅游"转变。在2018年3月印发的《国务院办公厅关于促进全域旅游发展的指导意见》里，国家对走全域旅游发展的新路子作出了新的部署。明确了全域旅游是指在一定区域内，以大众休闲旅游为背景，以产业观光旅游为依托，通过对区域内经济社会资源尤其是旅游资源、产业经营、生态环境、公共服务、体制机制、政策法规、文明素质等进行全方位、系统化的优化提升，实现区域资源有机整合、产业融合发展、社会共建共享，以旅游带动和促进经济社会协调发展的一种新的区域协调发展理念和模式。

在"全域旅游"发展模式的带动下，"全域景区"概念应运而生。全域景区突破了景区、景点的限制，在全空间、全时间范围内，依托城市、小镇、乡村等多种载体展开，深入挖掘地域特色、人文因素，推动旅游与文化、生态、体育、教育、农林、商贸、康体养生深度融合发展，打造现代旅游新型模式（图2-1-1）。

随着区域开发与旅游融合发展新格局的形成、立体交通网络和智

图2-1-1 浙江省乡村旅游

慧公共基础设施系统的完善、商贸服务体系的构建，乡村凭借其数量多、占地广、有特色、有文化的优势，成为全域景区的重要支撑点。串珠成链、连片成景，串起了全域景区化的新面貌。

2.1.2　概念解读

梁漱溟先生曾说过："中国社会是以乡村为基础，并以乡村为主体的，所有文化，多半是从乡村而来，又为乡村而设，求所谓中国者，不于是三十万村落其焉求之。"

中国乡土社区的单位是村落，村落是我们每个人魂牵梦萦的所在，是满怀乡愁的地方。在城乡统筹发展的今天，我们需要正视中国社会的基础。在乡村振兴战略的引导下，"乡村"又成为社会关注的焦点，探索乡村建设发展的路径，重构乡村社会的产业格局、生态格局与环境体系、文化体系。村落景区正是这一探索在实践运用中的一次尝试。简而言之，可以用两句话来概括：村落是农民的幸福家园，是市民的休闲乐园；村落景区是乡村振兴战略的实践探索先行区。

"村落景区"概念的提出早于乡村振兴战略，是浙江临安升级美丽乡村建设，推进临安区全域景区化建设，实现乡村振兴发展提出的一个新概念，是临安区为贯彻浙江省"全省大花园"建设提出的创新理念，是临安区美丽乡村升级发展的产物（图2-1-2）。村落景区致力于乡村价值再造，弥补因生产要素组合差异而产生的城乡差距，是实现乡村振兴发展的重要途径。

"村落景区"将村落与景区通过乡村旅游的形

图2-1-2 临安天目山村落景区

式结合，借助景区建设的硬性要求，改善和提升村落生态环境、基础设施；保留和挖掘乡村景观，营造乡村景点，开发乡村旅游产品。总的来说，村落景区通过将村落规划与景区开发相结合，促进乡村一二三产融合发展，从而实现乡村振兴。党的十九大召开以来，乡村振兴战略提出的"产业兴旺、生态宜居、乡风文明、治理有效、生活富裕"的总要求成为"村落景区"建设的引领目标。对休闲农业园、农业公园、现代农业观光园、旅游型乡村等相关概念的详细深入的解读，有助于使"村落景区"概念更加清晰和完善（表2-1-1）。

通过以上分析，可以明确：村落景区是指在城乡统筹发展背景下，在一个或多个有一定基础的村域空间范围内，依托特定旅游资源，由政府主导村落人居环境、自然生态与基础设施改善，由多种主体主导景区建设管理与后续服务。将村落与景区统筹建设管理，提供农事体验、观光休闲、康养避暑、民俗体验等富于

村落景区相关概念的对比分析　　　　　　　　　　　　　　表2-1-1

名　　称	基本内涵	创新要点	备　注
休闲农业园	以农业为核心，农业与旅游业相结合，集多种与农业相关的活动于一体的特殊农业形态	生产、生活、生态"三生"一体化农业	—
农业公园	农业发展新形式，将农业景观、农业生产活动与公园生活服务功能相结合的新模式	农村一二三产融合新模式	—
现代农业观光园	以农业田园景观、农业生态环境、农事生产活动以及传统民俗为资源载体，发展新型乡村产业形态	充分利用乡村农业各方面资源	针对城市近郊的乡村地带
旅游型乡村	市区周边乡镇所辖村庄，以乡村旅游开发为主，以城市为主要客源	以乡村旅游为主要发展的产业	—
田园综合体	以农民为主体、农村合作社为载体，发展新型农业，使广大农民群众受益	面向广大农民群众	具有一定基础的乡村区域
特色小镇	坚持产业先行，以特色产业与旅游产业相结合，形成区域内产城一体化功能聚集区	特色产业与旅游产业相结合	—
村落景区	—	将村落发展与景区建设相结合，促进乡村一二三产融合发展，实现乡村振兴	

乡村性的旅游产品与项目；并以旅游业带动乡村一二三产融合发展，从而形成可持续发展的农旅融合型景区化村域。村落景区为居住在乡村、从事农业相关产业活动的农民，提供了一个能够住得好、干得好、赚得多、有规矩、有文化的场所；同时，也为游客提供了一个百分百自然生态且能够体验农事活动和接触农村生活的场所。

此外，对村落景区概念的界定还需作以下几点说明。

1. 一个或多个村域空间

村落景区建设吸收田园综合体中突破以往美丽乡村规划单个村落行政界线的经验，站在更大的格局看问题。可依村落的实际情况，选择单个资源丰富的村落或者多个资源较为单一的村落，以满足景区发展的需要。

2. 特定旅游资源

村落景区是发展乡村旅游的载体，故而需要充分挖掘村落内的乡村性资源，包括农业景观、农事体验、民俗资源；其次为实现景区旅游产品的多元化，也需要与之相对应的山水自然资源（图2-1-3）。

3. 多种主体主导

村落景区与传统美丽乡村的差别之一在于其具有规范的经营管理制度，这必然需要专业的团队管理专业的景区。前文所提多种主体是指以第三方运营公司、旅游公司为托管，以村集体企业为主的经营主体。

图2-1-3 乡村"山水画卷"

4. 三产融合发展

村落景区以旅游产业为抓手，以发展循环农业、体验农业为景区产品支撑。通过游客带动的消费能力，延长农业产业链，带动农产品加工业，并将之为旅游业所用，增强旅游业的后劲。

同时，村落景区具备以下4个特征：①从作用上看，以农民为服务对象，以乡村旅游业为抓手，创造更多的就业机会，服务留乡农民，增加农民收入；②从地理上看，从城市近郊村落到自然传统山村，地理位置多变，但都有其能够发展成景区的潜在优势（图2-1-4）；③从功能上看，一方面改善农民居住环境，包括交通出行、村落环境、污水治理、垃圾分类等方面的基础设施与乡村人文活动等方面的社会公益事业；另一方面也以乡村旅游为抓手，健全配套旅游服务设施，创新基层治理机制，创造就业机会，提供自主创业平台，助力乡村产业兴旺等；④从区域上看，不再局限于以往美丽乡村建设的单个村落的格局，而是将相邻的自然村落联合起来，发挥各自优势，做大做强村落景区。

图2-1-4 "嵌入" 大山里的传统乡村

2.2.1　构建动因

1.　村落景区是对浙江省千万工程的积极探索

浙江省是我国"两山"理念的发源地,"千村示范,万村整治"工程是浙江"两山"理念在基层农村的成功示范,该工程于2018年9月获得联合国"地球卫士奖"。随着浙江经济社会发展,浙江乡村建设已经跨越了多个时期,从最初的以改善农村生态环境、提高农村居民生活质量为核心,转变为景村融合、产业带动乡村发展的层次。而且浙江省虽地域面积小,其乡村类型却囊括了山地、丘陵、水乡、渔村、田园等多种类型,因此浙江省的乡村建设与乡村旅游发展对于我国乡村旅游发展而言具有一定的代表性和前瞻性,其相关经验对全国而言具有一定的借鉴意义。乡村发展不能停留在示范层面,应深入挖掘,乡村旅游业能够作为乡村振兴发展的支柱产业之一,能够促进乡村一二三产融合发展,统筹城乡发展。村落景区的构建正是基于上述分析,在乡村振兴战略指导下,对乡村发展进行的一次可行的探索。

2.　村落景区是农业转型升级的需要

乡村作为农业的发源地,经过多年的发展,传统农业在技术与规模上已有了较大的进步。但是对于山区地带的乡村而言,耕地资源的匮乏与农业人口的流失导致农业经济发展缓慢,发展新型农业、创意农业,增加传统农业与其他产业的联系,提高农业的经济产出率,成为目前我国农村农业发展的共识。据杭州市统计局数据显示,2019年1~9月,杭州市乡村旅游接待总人数8204.75万人次,同比增长55.1%。其中,接待过夜游客人数1405.11万人次,增长57.5%;接待一日游人数6799.64万人次,增长54.6%。实现旅游经营总收入669930.07万元,增长52.6%。杭州作为我国旅游城市的代表,其乡村旅游已形成一定的体系;而且杭州各县市对于乡村的发展都有着各自的道路：如富阳推出"乡村百花大会"以改善乡村人居环境，提升村落知名度（图2-2-1）；建德注重精品农业产业园的发展；桐庐则注重乡村非遗的保护与利用，助推桐庐全域慢生活乡村旅游；而临安则强调村落与景区并举，将有条件的村落打造成村落景区，成为当下杭州乡村发展的讨论热点，也是未来杭州乡村发展的趋势。村落景区的构建在秉承乡村传统农业乡土性的基础上，利用农业打造可看可玩可食的创意农业项目，积极响应乡村农业的可持续发展。

3. 村落景区是美丽乡村建设升级需求的产物

美丽乡村建设是美丽中国建设的主力军。发展至今，已经形成了较多成熟的建设理念、构建模式与成熟案例。十多年前浙江省启动的"千村示范，万村整

图2-2-1 赏荷盛会

图2-2-2 古建筑群鸟瞰（左图）
图2-2-3 田园乡村（右图）

"治"工程，揭开了美丽乡村建设的序幕。十多年来，浙江省通过推进规划科学布局美，村容整洁环境美，创业增收生活美，乡村文明身心美，宜居宜业宜游的美丽乡村建设，呈现城乡关系、人与自然关系不断改善和历史文化传承与现代文明发展有机融合的良好态势（图2-2-2、图2-2-3）。但是随着新时代人民群众对美好生活需求的转变，美丽乡村建设在公共基础设施、公共服务体系建设方面仍存在一些薄弱环节，促使我们打造充满生机活力的美丽乡村升级版。但是目前关于美丽乡村的理论研究还有待整合与总结，美丽乡村建设理念与乡村振兴战略的契合度也需要我们再次认真审视。村落景区的构建正是在分析目前美丽乡村建设出现的问题，总结目前乡村建设经验的基础上，对美丽乡村的理论体系与具体实施进行升级，为今后的乡村振兴发展提供参考借鉴。

2.2.2　内部特征

1. 社会资本的高参与度

以往的乡村建设经费主要来自于政府财政拨款，而村落景区则充分发挥政策导向作用，积极引导社会资本参与村落景区建设。政府财政资金主要用于基础设施和公共配套设施，社会资本的流向主要集中在乡村旅游资源开发与景区经营管理。社会资本主要分为第三方合作运营、旅游公司托管与村集体成立公司三种模式。同时，为了避免外来企业与原住村民发生冲突，采用"村集体入股+专业企业运营"的方式来对景区进行经营管理，进一步优化社会资本的参与模式，村落与景区能够形成较为良性的互动。

2. 旅游资源一体化

旅游资源的丰度与精度是决定景区发展的关键要素。村落景区发挥专业企业的优势，挖掘整合景区内旅游资源；此处旅游资源不仅指自然山水资源与人文历史资源，更是景区原有农业资源的整合升级。村落景区将传统的农业田园资源纳入景区旅游产品体系内，发展出体验式农业产品：果蔬采摘、春插秋收（春插秧苗，秋收稻谷）、春节打年糕等；或者发展田园大地景观，提高农作物的附加值（图2-2-4、图2-2-5）。村落景区不仅仅是一个景区，更是一个以乡村性旅游产品为核心的农业文化传播平台。

图2-2-4 果蔬采摘　　　　　　　　　　图2-2-5 菜田景观

3. 业态搭配合理性

村落景区按照目前旅游市场的需求，从自身原有的特色资源出发，有计划、有目的地确定其发展的旅游产品与各产业种类的组合配比，并根据景区内的区位以及土地资源，分配各配套产业功能与规模，以合理的产业与多样的产品发挥村落景区的规模优势。此外，还需要考虑农业景观的季节性对村落景区带来的影响与潜力，保证村落景区一年四季的产业兴旺。

4. 运营专业化

目前的乡村旅游一般由村民们自主管理，或者通过从事乡村旅游的相关农户组建协会进行统一管理。但随着乡村旅游的发展，此类方式都只能暂时缓解燃眉之急；从乡村旅游的长远发展来看，只有专业化的运营管理才能保证乡村旅游的可持续发展。村落景区的运营管理应坚持"专业的人做专业的事"，引进旅游运营公司进行运营，或者村集体组建公司，引进专门人才，对景区进行建设管理。此外，各村落景区可根据自身的发展定位，选择适合自身发展的投资运营公司。

2.2.3 外部特征

1. 乡村旅游的系统性

村落景区与以往我国的乡村旅游相比，最突出的一点在于扩大研究范围，将某一区域内村落景区的旅游产品统筹规划，形成系统性的乡村旅游体系，共谋全方位的乡村振兴发展。这里的系统性是指村落景区之间的联系，通过统筹规划各村落景区的资源优势，确定其发展主题，形成景区之间的优势互补与游客共享，构建大范围的乡村旅游体系。避免出现景区之间产品同质化与粗糙化，降低村落景区的品质，影响其后续发展。

2. 新乡村形象的展示性

中国乡村是具有乡土性的，但在社会的不断变迁中，"乡"也不再是魂牵梦萦的地方了，"乡村真落后、乡村太保守、农民真土气"的形象反而成了当今社会对乡村根深蒂固的印象。村落景区作为美丽乡村升级发展的实践举措，是当今新乡村形象的展示区，其以构建景区为背景，改善乡村环境、完善基础设施、展现乡村传统文化、打造靓丽景点、促进农业转型升级等，能够打造新乡村的宣传形象，为农业和农民发展带来契机（图2-2-6）。

3. 区域产业经济带动性

乡村社会经济一直都处于弱势地位，传统农业的投资周期长、投资回报率较

图2-2-6 乡村新风貌

低等原因制约着乡村社会产业经济的发展。乡村振兴就是要通过合理的乡村产业调整，助力乡村产业兴旺，提高农民收入。村落景区在以乡村旅游业为抓手的基础上，促使农业转型升级，通过旅游的"食、宿、行、购、娱"延长乡村产业链，促使社会资本投入与游客消费的增加，为乡村提供就业岗位，为农民农闲时提供经济来源。在乡村振兴过程中，村落景区无疑可以成为促进产业兴旺、刺激乡村经济发展、带动乡村居民就业与创业的重要手段。

4. 政府参与的必要性

前文提到村落景区的规划设计范围不仅局限于单个村落，村落景区涉及多个村落，空间范围较广，规划设计涉及的专业较多，触碰到的问题也会更多。而村落景区是从区域基础设施建设、区域旅游资源优势、区域统筹发展等多方面去考察村落景区开发的可行性，仅凭第三方运营企业与村集体或许无法平衡各方利益，打破行政界线的干扰，达到较好的结果。因此，村落景区的建设需要政府部门对参与建设的各组织进行协调，并在财政与政策等方面给予一定的帮助。

2.3.1 区位资源

村落景区的建设是以单个村落或多个村落为基础，其能否顺利建设并保证可持续的管理运营，需要在规划前期对村落的选择进行全方位的统筹分析；考虑因素主要包括村落地理区位、交通区位、原有产业优势、旅游资源丰富程度、村域空间合理程度以及乡土异质性等诸多要素。在乡村振兴战略的引导下，村落景区以乡村旅游业为核心产业。因此，村落景区的区域选择需要从建设主体的定位出发，既有利于乡村旅游景点的开发建设，统筹乡村一二三产发展，又能在更高的层面满足乡村振兴的要求，引领满足建设条件的村落加入村落景区建设行列。村落景区的村落选择，其内涵在于使乡村旅游资源得到更大的释放、使村落得到更好的发展前景，并且有利于最大限度地促使乡村生产、生活与生态得到改善。

1. 地理区位

根据本书对村落景区的阐释，其在空间关系上应位于城市郊区以外的乡村区域。不同类型的村落景区，其具体地理区位详见表2-3-1。

2. 交通区位

景区规划建设与后期运营和交通区位具有正相关性，村落景区的规划建设很

村落景区地理区位特点 表2-3-1

村落景区类型	地理区位
景区边缘型	位于区域核心旅游景区周边，多处在景区的入口区域或通向景区的道路沿线
城市近郊型	位于中心城市周围，围绕城市的绕城高速或快速道路沿线，处在都市一小时交通圈范围内
民俗文化型	地理区位较为偏远（指景区建设前），民俗文化不易受外界干扰而得以保护
产业驱动型	位于乡村特产资源丰富的区域，便于形成规模化的乡村产业，地理区位较好
特色资源型	地理位置特殊，由特色资源所在区位而定，已有一定的建设基础

大程度上取决于村落的交通区位。交通区位可分为广域交通与局域交通。广域交通指的是景区所处城市的交通条件，比如临安对外的交通区位；局域交通则是指景区与所处的城市城区的联系。广域交通网络重点考虑市外资本、资源以及游客的通达性；局域交通网络则重点关注景区的对外通达性。该交通区位需要重点考虑村落景区与主要客源地的交通关系、游客前往景区的最长行车时间，确保游客出行的满意度与景区的可持续发展。

3. 社会经济结构

村落景区所处区域的社会经济结构对其开发建设具有极大的影响，一个地区是否适合以乡村旅游来促进发展，需要从宏观条件出发，对该地区的经济、社会发展水平作详尽的分析。分析的主要内容包括：地区经济发展水平、地区居民素质与业余生活诉求、地区产业结构、地方政府政策导向、资金流量以及未来发展趋势的研判。

4. 地方产业结构

对地方产业结构的分析要从广域与局域两个角度出发。从广域角度来讲，要跳出地方局限性，从周边大城市的产业结构以及客源诉求出发，分析地方一二三产的发展现状以及地方政府对未来产业发展方向的政策导向，以确定其发展乡村旅游业的可行性。从局域的角度出发，要分析地方现有的乡村旅游业状况，仔细研究与分析当前的不足与可提升之处，寻找各乡村旅游的差异性，避免旅游产品同质化与客流量的恶性竞争（图2-3-1、图2-3-2）。

图2-3-1 乡村特产

图2-3-2 种植产业

2.3.2 旅游资源

旅游景区的核心竞争力在于旅游产品的吸引力。村落景区以村落为载体，其最具吸引力的旅游资源就是乡村乡土性旅游资源，而旅游资源的乡村乡土性主要依附在乡村的生态、生产与生活空间之中。在村落景区的规划设计过程中，应重视对乡村"三生"资源要素的挖掘，打造更多富有乡土性的旅游产品（表2-3-2）。

乡村旅游资源要素涵盖了乡村生态、生产与生活（图2-3-3~图2-3-5），应建立适当的旅游资源体系，对各景区所拥有的资源进行评价分析，以便找到各自最具竞争力的旅游产品。

临安村落景区乡村资源要素分类　　　　　　　　　　　表2-3-2

旅游资源类别	各类别涵盖的范围	
乡村生态资源	自然生态	山形地貌、河流湖泊、森林古木、奇珍异兽、气候气象等具有一定观赏及实用价值的自然资源
	人文生态	与自然和谐共处的人文生态观——"天人合一""一方水土养一方人""靠山吃山，靠水吃水"
乡村生产资源	农业田园	农田形态：梯田、规模农田；现代农业；创意农业等
	水利灌溉	传统水堰、规模灌溉网、传统提水设施等
	农事生产	春耕秋收的传统农业、集约化经营的现代农业、大棚化生产的采摘农业、多种经济作物组合的循环农业等
	农耕器具	打谷机、风车、犁耙、翻车、石磨等
	农业产品	五谷、蔬菜、瓜果以及相关加工产品——笋干、核桃等
	乡村产业	乡村厂房、农家乐与民宿等
乡村生活资源	乡村聚落	行政村、自然村
	乡村建筑	民居、民房、生活辅房等
		乡村历史建筑及其他标志性建筑
	乡村交通	陆地交通：外部快速路、内部乡间道路、登山步道
		水上交通：水埠头、码头、乡村桥梁
		交通工具：手推车、手划船等乡土性交通工具
	乡村风物	地方民俗、传统风俗以及相关的风土人情
		地方饮食习惯、特色饮食
		地方服饰、装饰物

图2-3-3 乡村生态空间（诸暨电视台提供）　　图2-3-4 乡村生活空间　　　　　图2-3-5 乡村生产空间

2.3.3　设施资源

　　设施资源主要包括景区游客中心、景区休憩设施、公共停车场、景区公厕、景区导视系统等（图2-3-6、图2-3-7）。在一般的村落中，往往并不完全具备以上设施。因此设施资源分析中，主要考虑其当前所具备的设施类型及其等级。在规划前期应注重收集整理相应的设备，避免重复建设导致资源浪费。根据景区相关标准制定现状设施评价准则，为村落景区规划工作的设施资源调查提供基础资料。

　　如游客服务中心可从建筑规模、建筑外形、接待游客服务满意度、智慧旅游设施完善度、服务人员专业程度、景区信息提供等方面进行评价；公共停车场则以停车位个数、停车场类型（生态或非生态）、停车场管理制度完善程度等方面进行评价；景区导视系统以布置合理性、内容合理性、安全警示标识到位率、标识牌制作精细程度作为评判标准。

作好区位资源、旅游资源、设施资源三方面的分析，是村落景区进行下一步深入规划建设的依据，故在规划流程中须重视这一过程。

图2-3-6 村落景区设施之导视牌

图2-3-7 村落景区设施之游客服务中心

本节以杭州市临安区为例，根据村落景区建设的区位条件、资源类型等情况，可将其分为5种类型。

1. 景区边缘型

临安作为浙北地区重要的旅游城市，具有丰富且优质成熟的旅游景区，比如天目山风景名胜区、大明山风景名胜区、湍口温泉旅游区等。景区边缘型村落景区通过景区的助推力，提供景区内未能完全满足的旅游产品，比如农家饭、经济型旅舍、土特产、体验型农业等；与景区形成优势互补，健全目前临安旅游景区的产品体系（图2-4-1~图2-4-3）。

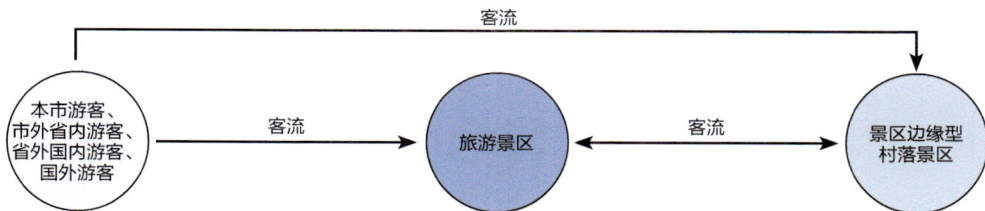

图2-4-1 景区边缘型村落景区

图2-4-2 天目山村落景区（一）

图2-4-3 天目山村落景区（二）

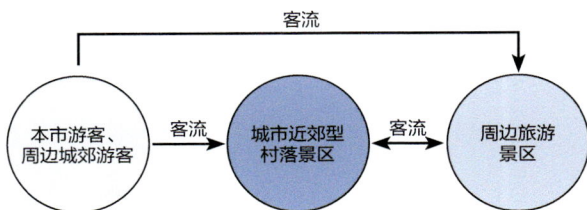

图2-4-4 城市近郊型村落景区

图2-4-5 杭州绕城村（一）

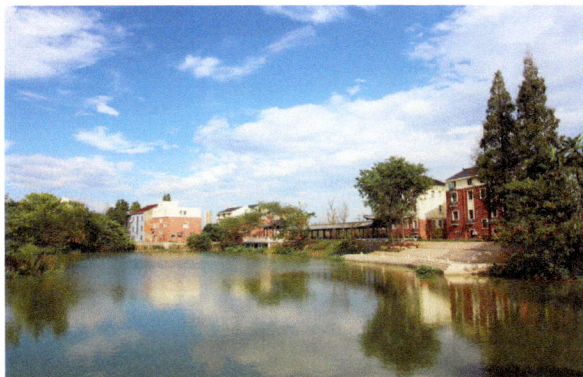

图2-4-6 杭州绕城村（二）

2. 城市近郊型

城市近郊型村落景区主要以临安城区、杭州城西等地作为参考坐标，该类型村落景区凭借其优越的区位优势及其与城市景点的景观异质性、乡土性，吸引城市游客。城市近郊型村落景区作为城市短途旅行的目的地之一，成为城市休憩空间的重要组成部分，为城市休憩体系注入新鲜的组成元素。该类村落景区主要提供乡村自然生态景观、休闲观光农业、有机果蔬采摘、互动型农业、户外运动等旅游产品，其客源较局限，以周边城区居民为主（图2-4-4~图2-4-6）。

3. 民俗文化型

该类型村落景区以乡村"四风"——风土、风物、风俗与风景，为旅游产品构建基础，充分突出乡村旅游的乡土本色。以农耕文化、传统忠孝文化、乡村民俗文化为主题特色，开展农耕体验、民俗节气、乡村手工学习、节日庆典等旅游活动。挖掘乡村文化内涵，利用文化旅游助力乡村乡风文明。此类型村落景区需充分抓住各村落的独特文化，避免出现同质化竞争（图2-4-7~图2-4-9）。

4. 产业驱动型

以村落原有发展较为成熟，产业化程度较高的现代农业、土特产销售业为产业支撑。在其基础上，适

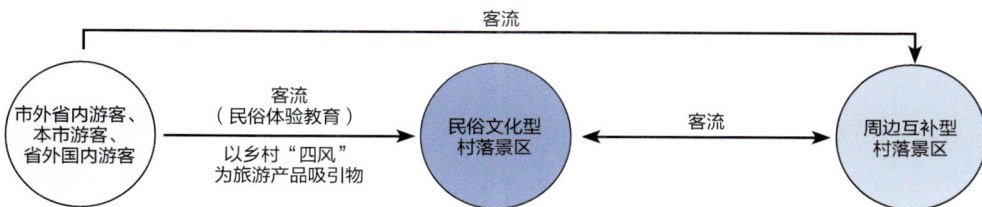

图2-4-7 民俗文化型村落景区

图2-4-8 乡村特色扎染

图2-4-9 传统戏曲表演（诸暨电视台提供）

当拓展农业观光、农事体验、乡村度假、乡村教育等功能。与中小学配对组合，形成"景区—文教"的发展模式，拓宽景区客源，开发"农业+旅游"的产品组合模式。以旅游活动需求为导向，带动村落景区农副产品加工、餐饮游宿等二、三产业的发展，促进三产融合发展（图2-4-10~图2-4-12）。

5. 特色资源型

这一类型的村落自然面貌多样、山地资源丰富，具有较多城区或其他乡村地区缺乏的特色资源。该类型村落景区通过开发利用这些区域性、特色化或垄断性资源，极易打造形成拥有较大知名度的旅游品牌。以特色产品为抓手，开拓补足相关旅游产品，构建全面的旅游景区，促进农业转型升级，提供相应的就业岗位。如临安辖区内的乡村特色资源湍口温泉、指南村红叶等（图2-4-13~图2-4-15）。

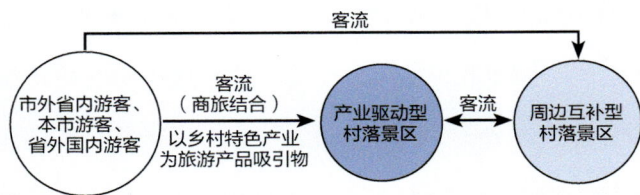

图2-4-10 产业驱动型村落景区

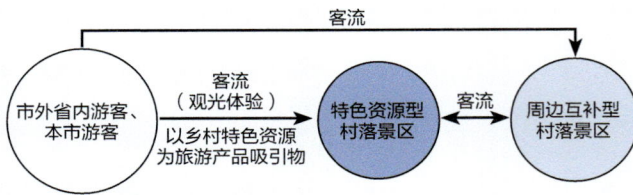

图2-4-13 特色资源型村落景区

图2-4-11 乡村产业之度假民宿

图2-4-14 指南村（一）

图2-4-12 乡村产业之文创小店

图2-4-15 指南村（二）

自十六届五中全会提出社会主义新农村建设以来，乡村建设问题越来越受到重视。中共中央、国务院在2013年中央一号文件中提出建设美丽农村的目标；2017年，党的十九大提出必须始终把解决好"三农"问题作为全党工作的重中之重，实施乡村振兴战略。村落作为乡村的重要部分，能否做好村落规划发展在实现乡村振兴战略中具有举足轻重的地位。

作为"两山"理论的发源地，浙江省在全国乡村建设中一直走在前列。浙江省也是全国乡村建设发展最具代表性的地区之一。2017年，浙江省响应党的方针政策，在省第十四次党代会提出"大力发展全域旅游，积极培育旅游风情小镇，推进万村景区化建设，提升发展乡村旅游、民宿经济，全面建成'诗画浙江'中国最佳旅游目的地"的目标，这是对践行"绿水青山就是金山银山"，实施乡村振兴战略的创新实践（图2-5-1）。这次会议为浙江省村落建设指明了方向，由此村落景区规划建设应运而生。

图2-5-1 浙江省践行"两山"理念

2.5.1　发展现状与建设条件

　　截至目前，全国范围内首批村落景区已逐步进入运营阶段。杭州市临安区率先探索村落景区，在村落景区建设方面具有一定的代表性。因此笔者以临安为例进行调研，以期为其他地区提供一定的政策参考。

　　临安是杭州下辖最大的区，东面紧邻杭州市主城区，西面是安徽黄山（图2-5-2）。作为两省交界之地，临安融合了江浙文化和徽州文化，辖区内拥有丰富的村落资源。2017年3月，临安区委区政府为贯彻落实浙江省全省大花园建设行动，率先部署了村落景区创建工作，并在当年明确了村落景区的创建计划，即2017年新建村落景区10个，2018年新建村落景区12个，提升村落景区级别3个，全力推进村落景区规划建设工作。

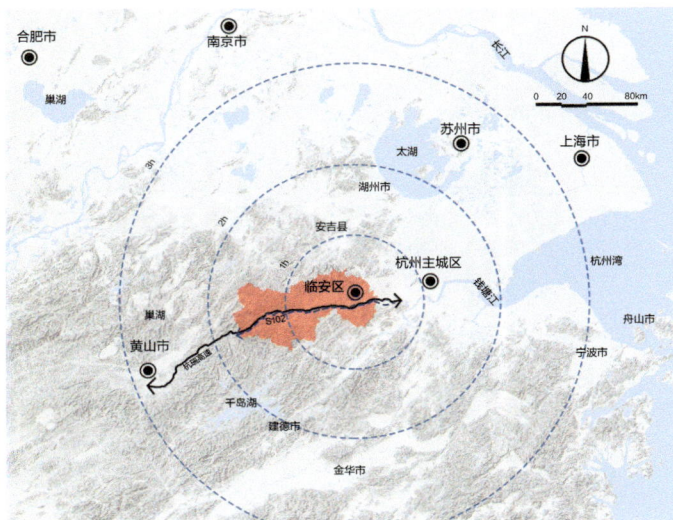

图2-5-2 临安区位图

1. 临安村落景区的建设基础

　　临安在多年的美丽乡村建设和乡村旅游发展中，已形成了一定的乡村旅游规模。临安村落景区规划建设具有深厚的基础，主要表现在以下三点：①较成熟的旅游产业基础。临安第一批村落景区涉及22个行政村；其中指南村、太阳村、凌口桥村等14个行政村具有一定的旅游基础，占比64%左右，且在临安范围内已有一定的知名度，各村内已有一定的旅游服务设施及旅游从业人员，为后期村落景区的发展奠定了产业基础。②较完善的交通体系。临安自2014年起提出"一廊十线"美丽乡村精品线建设工作（图2-5-3、图2-5-4），为乡村道路环境改善奠定了一定的基础；并于2016年提出"百路千里"建设工程，将临安乡村交通体系面貌更新，线路贯通。并且临安实现了公交线路村村通，满足游客的出行，以线串点，为村落景区建设奠定了设施与交通基础。③较充实的乡村文化生活。浙江省于2011年在临安试点农村文化礼堂工作，临安成为浙江省乡村文化事业建设的先行区，并以文化礼堂为载体，大力推进乡村文化活动，促进乡村传统文化的传承发展；此外，临安推进好家风建设工作，为村落景区建设奠定了一定的文化与治理基础。

2. 临安村落景区的分类情况

通过对临安2017年建设的村落景区的实地调查，根据各村落景区的实际情

图2-5-3 临安太湖源精品线节点（一）

图2-5-4 临安太湖源精品线节点（二）

临安村落景区乡村资源要素分类　　　　　　　　　　　　　　表2-5-1

村落景区类别	村落景区	涉及村落	备注
城市近郊型	龙门秘境村落景区	大山村、石门村、龙上村	靠近杭州城西
	天目山村落景区	徐村村、天目村、月亮桥村、白鹤村	天目山风景区
景区边缘型	太湖源头村落景区	白沙村	太湖源头景区
	大峡谷村落景区	大峡谷村	浙西大峡谷
	白水涧村落景区	白水涧村	白水涧景区
民俗文化型	忠孝文化村落景区	杨溪村、新峰村	忠孝文化
	耕织图村落景区	观山村、凌口桥村、百园村	农耕文化
产业驱动型	太阳公社村落景区	太阳村、上庄村、双庙村	成熟的创意农业产业
特色资源型	湍口温泉村落景区	湍口村、迎丰村、三联村	特色温泉资源
	红叶指南村落景区	指南村	特色红叶资源

况，结合第2.4节提到的村落景区的分类，总结得出临安2017年已建村落景区类别较全，涵盖了前文提到的5种基本类型。其中景区边缘型占比较大，这也从另一方面反映了临安较为发达的旅游产业是带动乡村旅游发展的重要引擎，以及临安乡村资源的丰富程度与未来的发展潜力（表2-5-1）。

3. 临安村落景区的资金投入情况

充分发挥政府政策导向作用，积极引导社会资本参与村落景区建设。政府财政资金主要用于基础设施和公共配套设施的建设，社会资本主要用于旅游资源开发与景区运营管理。2017年落实的10个村落景区，共有307个建设项目，政府奖励、扶持资金1.8亿元，撬动社会资金2.7亿元。截至2018年5月底，10个村落景区完成了建设项目294个，完成投资3.56亿元；其中政府投资1.38亿元，社会投资2.18亿元。

4. 临安村落景区的运营管理

村落景区的运营管理须坚持"专业的人做专业的事"的原则，引进专业的旅游管理公司对各村落景区进行运营。针对第三方管理机构的选择，临安区制定了运营单位的选择制度：首先由区级政府部门对投资运营商进行审核评估，主要评估内容为旅游项目策划、统筹乡村资源、市场运营运作等能力，经双向选择后再进行合作；其次，赋予乡镇、街道自主权，可根据村落景区定位，寻找适合自身发展的投资运营商。目前临安村落景区主要采用第三方合作运营、旅游公司托管、村集体成立公司等模式，其中引进第三方合作运营的占比较大。

2.5.2 存在的问题与挑战

经过近两年时间的建设，村落景区在带动游客增加、丰富乡村旅游产品、助力农民增收、推动乡村发展等方面都取得了一定的成效。通过对临安忠孝文化、红叶指南、太湖源头、耕织图、龙门秘境等村落景区进行的详细调研发现，美丽乡村背景下的临安村落景区发展还存在如下问题。

1. 业态创新不足

村落景区建设意图以乡村旅游为抓手，带动乡村其他产业的发展以及业态的更新，形成景区内的三产融合体系。但就目前而言，临安村落景区的产业业态创新不足，未能形成融合较好的产业体系，与乡村产业振兴尚有一段距离。以乡村旅游出发的乡村业态主要以传统的农家乐、乡村漂流、果蔬采摘与大地景观为主，与农业产业的关联度不高，未能将农业创新、农事体验与旅游产品相联系。产业业态引入村落景区缺乏充分的市场调研，导致一些新业态的可持续性不强，创新有余但后继力量不足。二产极其缺乏，农业产品缺乏品牌意识，各村落景区还是以三产和一产为主，二产缺乏；这导致产业体系不够完善，进而影响了乡村经济社会的发展（图2-5-5）。

图2-5-5 空无一人的农家乐

2. 游览体验不佳

村落景区以村落为载体，意图将村落范围内的所见所闻都纳入游客的游览体验之中，为游客打造良好的旅游环境。但当前的村落景区建设中，村落建设与景区项目打造未能充分协调；村落建筑风貌把控、环境整改与景区配套设施、景区旅游项目建设以及景区运营未能平衡推进，未能形成统筹发展的格局，影响了游客的游览体验（图2-5-6）。如白水涧村落景区基础设施建设与村域环境改善都取得了很大的改观，但由于景区开发建设未有合适的单位与组织介入，单凭村集体难以支撑旅游产品与项目的策划开发，导致该村落景区游客较少，因此未能与白水涧景区形成互补。

图2-5-6 空旷无人的乡村大广场

3. 乡土特色不强

村落景区中主要提供的是乡村旅游产品，而乡村旅游最重要的特色就是乡土地域性。然而调研发现，在临安村落景区的建设过程中，民俗乡土文化挖掘不够深入，物质文化保护利用不够彻底。一方面，乡土材料运用不足。在村落景区建设过程中，设计单位缺乏乡土价值导向，未能充分挖掘当地的乡土材料进行景观建设，并且其景观形式与乡村不符，未能与村落环境相协调；此外，在景区植物造景过程中乡土植物的应用也略有欠缺，尤其是富有地方文化特色的植物树种。另一方面，旅游产品的乡土性较为欠缺。民俗活动类产品开发不够深入，多数村落景区的主打旅游活动与乡村活动联系不大，游客未能从活动项目中充分感受到乡土趣味与乡土文化（图2-5-7）。

4. 建设氛围不浓

村落景区在建设过程中，既得利益者除了村民、村集体，还有外来参与投资的社会资本，但是由于村落环境建设会拆除村民的违章建筑，损害村民的短期利益，且村民大多缺乏长远的眼光，导致建设氛围不浓。一方面是村民的村落景区建设意识模糊。村民多数认为政府改善旅游环境的行为与自身利益无关，主要获益方还是外来资本，缺乏共同创建家园的主人翁意识，大多数村民持观望态度。另一方面，村干部缺乏做事的激情，基层党组织未能充分发挥党员的带头作用；但其主要原因还是部分村集体财政不宽裕，难以支撑村落景区的征地等前期工作，村落景区建设未能及时为村集体增收，反而增加了村集体的负担，打击了村集体的建设热情。

图2-5-7 与乡村环境格格不入的游泳池

5. 运营动力不足

随着村落景区相继验收投入运营，运营方面的问题也慢慢凸显出来，主要表现在景区运营见效慢、收入渠道单一以及后继人才不足3个方面。首先是运营见益慢，截至2018年7月，与外来公司合作的村落景区，仅有红叶指南、忠孝文化与天目山村落景区有一定的收益；这与村落景区项目建设处于初级阶段有关，项目储备不足、宣传力度不够、游客认知度不足，导致村落景区运营见益慢，投资客商处于观望状态，从而影响了新鲜资本与人才进入村落景区。其次是收入渠道单一。多数村集体收益主要来源于土地流转使社会资本获益；或者通过将村落景区作为周边成熟景区的附属景点，为成熟景区门票增值；游客缺乏对村落景区的深度体验，不利于村落景区的持续开发与客流的稳定。最后是乡村从事旅游服务的人才较缺乏。遍访各村落景区，只有红叶指南村有村民担当景区讲解员，其余村落景区缺少相关服务人员；对村民也缺乏旅游服务的相关培训，这进一步制约了村落景区的运营动力。

第 3 章
村落景区规划策略与模式

Planning Strategy and Mode of Village Scenic Spot

基于乡村振兴导向下村落景区的内涵分析，结合评价体系的侧重点，将"安保救护"这一指标纳入"治理有效"中，延伸出产业发展、生态维育、文化重塑、多方共治、社会更新五大路径，涉及产业定位、村域自然环境、村域人居环境、历史文脉传承、文化空间重塑、基层自治、安保组织、第三方管理、提供创业平台与培育新型农民12个方面的详细内容。村落景区从规划编制到规划实施，将围绕乡村振兴战略的基本要求，从产业振兴、环境振兴、文化振兴、政治振兴及社会振兴五大目标出发，提出相应的规划策略，构建乡村振兴导向下村落景区的构建路径框架（图3-1），用以指导村落景区的规划实践

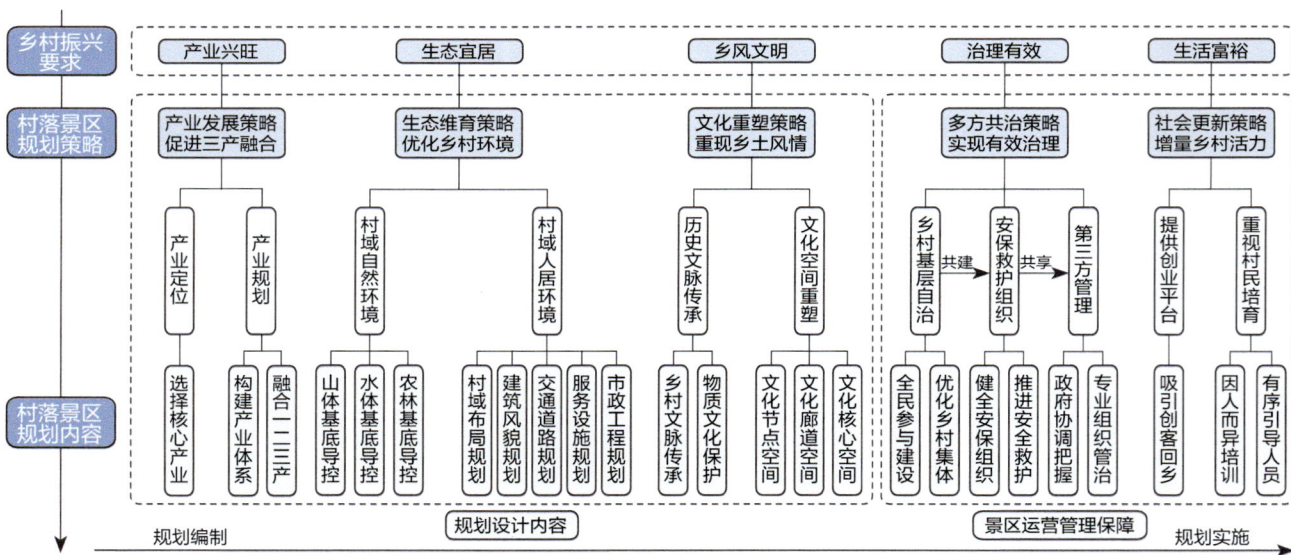

图3-1 乡村振兴导向下的村落景区规划策略框架

构建村落景区规划策略需将人居环境改善放在首位。打造生态宜居环境需要从自然环境宜居与人为环境宜居出发，针对自然环境，规划侧重于保护维育；针对人为环境，则侧重于开发建设。以景区共建共享为建设理念，以景区标准服务于村民，从而达到村域范围人为环境的提升。

3.1.1　构建生态屏障，导控自然风貌

乡村有别于城市的最大之处就在于乡村自然风貌。村落景区开发建设须根植于乡村自然生态；若因建设而过度开发，导致乡村生态格局被破坏，又何谈乡村振兴？而山体与水体作为调控乡村生态的基本要素，两者不仅是乡村生态格局的重要组成部分，也是乡村重要的旅游吸引物与景观构成要素。另外，田园风貌作为乡村农业景观的重要载体，包括了静态田园景观与由此衍生的乡村展示性动态景观。因此构建乡村生态屏障，导控乡村山体、水体生态基底风貌，侧重山水的生态功能，营造具有乡土气息的田园景观，提升生态旅游的综合效益，是村落景区发展的保障。

山体风貌导控："山"是浙西山区村落最常见、最基本的自然要素，与村民生产、生活接触最多的莫过于山体。由于其沉稳厚重的特性，可利用山体作为村域空间的边界背景，将建筑、田园等其他要素融入其中，构建整体性、地域性、生态性的乡村生态格局，形成浙西山区独特的村域风貌（**图3-1-1、**

图3-1-1 山区风貌

图3-1-2)。

　　在规划景区范围内，在规划前期应划定山体保护绿线，保护生态本底，界定相对完整的山体界限，严格控制对山体的破坏行为。首先，构建山脚生态缓冲带。山脚地带是居民生活、游客休闲的主要空间区域，对山体生态格局的影响也往往从此处扩散至周边，因此需要划出一定的生态缓冲带，并制定相关的管理机制。其次，控制山体开发面积。针对部分村落景区的特殊情况，可将部分山体的缓坡地带作为旅游活动空间或公共空间，给予严格的范围控制，并注重开发后的生态恢复。最后，在保护生态的基础上，适当对村域范围内的山体进行彩化与美化，发挥植物季相的作用，重视山体景观的艺术性表达。

　　水体风貌导控：相较于山体的面积广阔，浙西山区的水体面积较小，多以溪流、农用水库、人工湖等形式出现。山体厚重，而水无常势；水体以其灵、动、

图3-1-2 山村风貌

柔、变等特性，成为乡村生态格局中串联各生态基底的要素（图3-1-3）。

山区村落民居多背山面水，居民生活与水联系密切，村落景区的开发建设也离不开水资源。在保护与利用中如何找到微妙的平衡点，是村落景区水体生态导控的关键。首先，优化水体空间。村落景区目前现有水体有溪流、水田、水库、人工湖等类型，应明确水体类型与村民生活、生

图3-1-3 乡村溪流

产以及景区开发的关系，针对不同的水体制定整治与开发策略。其次，修复水系生态驳岸。水体自然驳岸是水体生态敏感性最强的区域，故应严格控制村民或景区建设主体对水体的侵占和破坏行为，推进对特定水域的生态驳岸整治工作。最后，合理开发利用各类水体。除去部分发展工业的城郊乡村，大部分乡村的水质良好，水资源成为吸引城市游客的重要因素。因地制宜地选择流域进行旅游开发，以开发促保护，才是村落景区水体风貌导控的核心所在。

田园风貌导控： 随着田园综合体概念的提出，循环农业、创意农业、农事体验被更多人提及。如何在乡村现有田园风貌的基础上，通过合适的方式开发建设，以达到田园生态、生产与生活共存，是当前的研究重点。田园风貌包含两方面，即静态风貌和动态风貌。静态风貌指的是与乡村生产有关的田园生产用地，动态风貌则是指可以被观赏与体验的生产过程或生产结果。导控田园风貌就是维育乡村区别于城市的生活和生产场景，为村落景区建设与乡村振兴发展奠定基础（图3-1-4）。

针对静态田园风貌的控制引导，提出以下三点策略。首先，控制田园开发范围。严守乡村农保田的硬性指标，可适当选择与村落景区核心区密切联系的田园

图3-1-4 乡村田园——绿波春浪满前陂

图3-1-5 乡村田园——瓜果长廊

图3-1-6 乡村田园——晒秋

进行创意农业开发，避免大范围地出现花海、现代大棚等同质性风貌，并出现无序化蔓延等现象。其次，政策引导田园风貌多样化。景区建设不能局限于传统的经济类农作物，而是应该根据景区需要，通过优惠政策补贴引导村民进行创意化作物种植，引导田园风貌的多样化（图3-1-5）。最后，注重时序风貌。乡村田园风貌的固有印象往往是白天具有浓厚的乡土味，黑夜则是浓郁的神秘感。村落景区建设需采用适当的夜间照明来延长娱乐活动时间，增加景区的经济效益；同时，应注意村落夜景的控制，避免出现灯光亮度过高，乡村气质丢失。

针对动态田园风貌的保护传承，提出以下两点策略。首先，挖掘传承传统农耕劳作模式。"日出而作，日落而息"的生活方式在中国乡村生活中延续了上千年，中国农民与土地的关系自古以来就十分密切，传统田园风貌的形成是中国农民生产方式的表现。但随着社会发展，越来越少有人从事农业生产，也更少有人采用传统的模式进行农业生产活动。因此，为保护和延续动态田园风貌，需挖掘并传承传统生产方式，并将之发展为农事体验类活动，以期为乡村发展继续发热。其次，重视田园成果的展示介绍（图3-1-6）。田园是农作物的载体，农作物以其生命属性而言，具有变化性的特征，不同季节的田园作物有不同的风貌效果。不仅要重视在地过程的田园风貌，也要重视对整个生产链的成果展示，并将之转化为特色风貌，吸引外来游客。如婺源篁岭的晒秋农俗就是由展示田园成果而得的旅游观光热点。

3.1.2　景村共建共享，改善村域环境

村落景区村域环境改善升级，应在"伴山而居、邻水而乐、面田而作"的基础上，关注村民与景区游客的功能需要，提升村域布局的合理性，导控村落民居风貌，提高交通功能品质，完善基础设施体系，注重村民生活、生产空间与游客休闲游憩空间要素的合理连通共享。营造和谐的、景村共荣的村域宜居、宜游环境氛围（图3-1-7）。

1. 景村空间互应——村域布局优化

村落村域不仅是村民的生活、生产场所，也是乡村旅游的重要载体，不可避免地会出现两类空间的交叉，故而需要统筹考虑村域资源，进行村域功能分区的合理规划，并且以实际发展需求来确定乡村旅游的规模，优化资源配置，避免出现资源开发不足或浪费。

①界定景村发展边界。通过优化村落空间布局，界定村落生产、生活和生态等发展边界，实现景村一体化发展。为农业生产与村民生活提供舒适空间，以保证乡村地区的生长活力与乡村特性的可持续性。为村落景区旅游项目开发与游客活动场地提供发展空间，以保证景区运营的基础与景区发展的生命力。村落与景区在空间上可有部分重叠，如在交通、田园生产、零散活动场地等空间上。

图3-1-7 依山而建的乡村聚落

②共享村域资源要素。针对村落景区有时为多个村落组成的现象，需因地制宜提出村域资源要素共享。充分调查当前村域内的资源情况与现有的较为模糊的功能分区基础，统筹考虑，进行明确的村域功能布局，形成区域内优势互补、互相渗透、抱团发展的格局。

③因地制宜的布局模式。不同村域有着不同的场地基底，规划设计阶段需因地制宜地为各村落景区选择合适的布局模式，尤其是注重景区与村民生产、生活空间的功能布局联系，并充分考虑各旅游项目的分区可行性。通过对临安村落景区的调研分析，总结得出村落景区主要有以下3种布局模式：串珠型、组团型、环带型（图3-1-8）。

2. 改善村域面貌——建筑风貌导控

村落景区的建筑不仅承担着村民的基本居住功能，也承担着展示地方文化，营造景区特色的宣传旅游功能。针对目前村落景区部分建筑与功能尚不匹配的问题，考虑建筑风貌与景区活动相结合，提出"拆、留、改"三大导控策略。

①拆除违章违建，打造乡村庭院。乡村疏于管治，不少村民会在主房周围搭建临时违章构筑物，会出现侵占道路、农田、河道等现象，严重影响了村落景区的风貌。针对此类建筑，需要制定强有力的拆除制度，并制定乡村庭院整治的标准，保证庭院最小绿化面积和建筑风貌后续工作的稳定进行。

②保留传统建筑，利用空闲农居。乡村作为中国传统文化的起源地，传统建

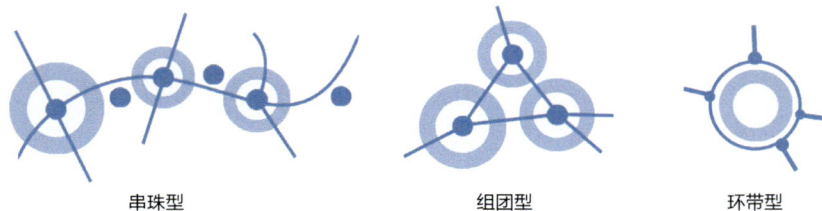

串珠型　　　　　　　　　组团型　　　　　　　　环带型

图3-1-8 村落景区布局模式

筑尤其是以宗祠、寺庙、台门建筑为主的传统建筑成为中国人乡愁的寄托所在。可保留传统公建的原有功能。就保存得较为完好的传统建筑来说，可将其修缮并为景区所利用，改建为乡村公共建筑，如乡村书屋、乡村展览馆。或将空闲的生产性建筑，如牛栏、猪栏等，修缮利用为旅游服务设施或景区商业店铺；较为出名的有浙江桐庐荻浦村的"猪栏茶吧"与"牛栏咖啡"（图3-1-9、图3-1-10）。

③改造建筑面貌，彰显地域特色。浙西地区目前的乡村建筑改造从色彩到材料，乃至形式都与中式传统建筑较为贴近，多采用白墙黑瓦马头墙等形式，建筑外立面易形成"千村一面"的现象。对于村落景区建筑外立面改造，需要充分挖掘地域文化特色、地方材料与地方色彩，将之与景区主题特色统一考虑，构建出能够彰显地方特色、融入乡村背景、契合景区主题的建筑外立面形式（图3-1-11）。但此处也需要避免建筑形式落入俗套，振兴乡村成为设计师的个人舞台，而忽视地方居民的现实需要。

3. 构建交通体系——交通道路规划

对于村落而言，道路是村落空间的脉络骨架，是联系村落与外部的通道，也

图3-1-9 荻浦村的牛栏咖啡

图3-1-10 牛栏咖啡室内

图3-1-11 乡村建筑新风貌

是内部交流的场所。对于景区而言，道路是景区的"输血管道"，是向景区输送资金、技术与客流的通道，是村落景区空间肌理的重要组成部分。村落景区的交通体系对于村落发展和景区建设息息相关。对于村落景区交通体系而言，可从宏观、中观及微观3个层次进行交通道路规划。

①宏观交通体系，串联景区内外。首先，宏观交通体系规划需在原有省道、县道等的基础上，根据各景区之间的资源差异程度以及联系密切程度，来考虑是否需要规划景区之间的道路，保证行政区域内村落景区联系方便。其次，针对原有乡村道路景观风貌较差的问题，需对其两侧景观进行改造提升，打造村落景区精品线；在适宜的区块设置景观节点，贴合景区特色，强化景区主题，满足游客通行的需要。最后，在上一级旅游集散中心（省级或市级）设置村落景区宣传与公交系统，确保各个景区能够通过公交到达，保证对外交通的便捷性。

②中观交通体系，优化内部交通。中观交通体系内包含了停车场、入村主干道、村内次干道和村内宅间路等重要组成部分。村内交通应保证游客安全，交通方式应尽量采用人车分流模式。首先，停车场的规模、选址以及类型应根据村落景区游客量、村域空间布局以及村民需要来确定，宜在村口布置大型停车场，并利用村内房前屋后的零散用地布置停车位，满足村民日常生活需要。其次，拓宽优化入村主干道，优化道路断面，增设行人慢行道；贯通村内次级道路，加强旅游景点之间的联系；打造特色化村内宅间路与巷道，展示地域文化特色，满足居民生活、生产需要。

③微观交通体系，活化景区交通。微观交通体系是以景区内慢行系统为基础的交通体系，本文将慢行系统分为绿道、水道、农道、山道四大类型（表3-1-1）。慢行系统的服务对象以人为主，其体系构建需满足人的需求，灵活布局。通过4类道路构成的慢行系统将景区景点、田园风貌、水系景观以及山体景观联系起来，形成景村活化相通的微观交通体系（图3-1-12、图3-1-13）。

图3-1-12 乡村慢行道（一）

4. 景村共建共享——服务设施规划

为改善乡村人居环境，提高乡村居民福祉，并满足旅游景区的基本要求，村落景区的基础设施规划应体现城乡公平性与景区服务性，满足村民生产生活与游客的需要。基础设施规划需结合村落景区的整体布局统筹规划，将基础设施分门别类，如旅游服务设施——游客服务中心、公厕、休憩驿站、标识标牌等；生活服务设施——文化礼堂、邻里中心、老年人活动室、学校、村委会等（图3-1-14、图3-1-15）；生产服务设施——农产品加工合作社、手工作坊、农田风雨亭等。分级配置各类型基础设施。

首先，结合旅游服务设施的性质与使用人群，考虑其在景区中的作用。一般将游客服务中心布置在村落景区入口处，休憩驿站与公厕结合景区内的景点布置，须根据景点游客量来考虑相应

图3-1-13 乡村慢行道（二）

图3-1-14 乡村文化礼堂

村落景区慢行系统 表3-1-1

类 别	绿 道	水 道	农 道	山 道
布 局	布局在村落景区自然景观优美，便于游客亲近自然，接触乡村的区域	布局在乡村水域周边及内部，多出现在水资源丰富的村落	布局在村落农田周边，便于村民生产需要与游客体验农事需要，步道材料应生态乡土	借用原有登山道，避免开挖山体、破坏生态，为游客打造亲近自然山体的慢行道

图3-1-15 乡村活动中心

的规模，标识标牌结合交通系统与景点布局综合考虑。其次，生活服务设施须充分考虑便捷性，优化设施服务半径。最后生产服务设施应结合村民生产需要，大型集散型服务设施应考虑交通区位与运输成本；小型服务设施则布置在生产用地周边，以满足村民日常需要（表3-1-2）。

5. 提升生活品质——夯实市政工程设施

在"生态宜居"这一准则层中，"安全饮用水到户率""污水管道完善率""乡村垃圾分类无害化处理率"以及"乡村旱厕改造率"等环卫指标权重占比最大。因此，在"生态宜居"方面，需注重生活空间的基础设施建设；夯实生活基础，方能建设更美村落景区。

①给水工程规划。自建设社会主义新农村开始，自来水到户就在乡村逐渐普及，但是目前存在一定的问题。随着乡村旅游的发展，农家乐数量增多，原有的给水量已经不能完全满足当前的需要。因此村落景区给水工程须做到以下几点：首先，给水管网应与邻近的自来水网相连，以增强供水的安全稳定性；其

村落景区基础设施类型与规划布局　　　　　表3-1-2

类型/布局	旅游服务设施		生活服务设施	
	游客服务中心	休憩驿站	文化中心	邻里中心
	独立布置在村口或交通便捷、利于接待的场地	布置在慢行道沿线或配套大型景点	布置在村中心，一般结合村祠堂改造利用，有条件的则可新建于位置较好之处	布置在村落的交通节点上，为村民业余生活提供活动场地
	公厕	标识标牌	停车位	—
	公厕宜结合公建或大型景点布置，公厕形式需与景点相配套	结合道路与景点，为游客出行服务	停车位布置结合居民生活需要，考虑服务半径与区块车辆预计数量，多采用生态型停车位	

70

次，采用分类加和法计算用水量，根据村庄人口与日均游客量来确定人均用水的最低指标，并且要考虑公建、市政、消防、绿化的用水量；再次，给水设施用房应弱化功能性建筑的特征，加强与村落景区的环境协调性，包括清水池、取水泵房、消毒间等；最后，供水管网沿主要道路铺设，采用环状和树枝状相结合的形式，干管管径采用DN100~DN150，支管管径以DN50~DN100为主。

②污水工程规划。浙江省大力推行"五水共治"工作，乡村污水整治已有一定的基础。目前乡村污水整治工作的主要重心在生活污水与自然水体；由乡村旅游衍生出来的餐饮业、特色农业、农产品加工业等污水特征与生活污水不尽相同，因此需要针对此类情况进行村落景区的污水工程规划。针对餐饮服务业、农家乐的油污较为严重的问题，需要提升现有污水设施，增设隔油池；针对产业项目的污水，则要求社会企业自行建设污水处理设施，缓解村庄污水系统的压力；引进先进技术，做好污水处理与污水排放的把关，保护乡村水体的生态格局。

③景区环卫设施规划。乡村之所以会给人一种脏乱差的印象，是因为其环卫设施不成体系，乡村居民对于垃圾分类的意识还不够到位。村落景区人文环境的宜居工作，需要从环卫设施入手。首先，需要完善垃圾分类处理体系，做到"中心—分点—串线"的模式，以垃圾回收站为中心，各居民点设置多处垃圾收集点，并配备专人定时沿线处理垃圾；其次，做好智能回收垃圾服务，通过一定的奖惩措施，鼓励村民自发进行垃圾分类，潜移默化地宣传垃圾分类，构建乡村宜居环境；最后，加强村内主要景点的垃圾收集，做好乡村垃圾分类的宣传教育，实现村美、景美、人更美（图3-1-16、图3-1-17）。

图3-1-16 村落景区的环卫设施（一）

图3-1-17 村落景区的环卫设施（二）

乡村是我国传统文化的重要载体，重塑、建设乡村文化是实施乡村振兴战略的重要支撑。不同村落因其自然环境与社会生产方式的不同而产生富有地域特色的村落文化。目前，在我国乡村旅游的开发过程中，重视物质空间建设而弱化乡村发展中的文脉传承与精神文明建设，随着城镇化和旅游产业的不断发展，乡村文化出现趋同或断层现象。文化传承重塑以再现乡土风情，是乡村振兴背景下村落景区规划的内在要求。应深入挖掘并把握地域文化内涵，重视传承传统文化，避免出现"千村一面"的现象。

3.2.1 历史文脉传承，强化地域认同

费孝通先生曾用"乡土"二字概括中国，由此可知中国社会源于乡村，乡村的历史久远于城市。但由于近代以来，中国城乡关系失衡，城市现代化的发展，导致深厚的乡村文化出现了断层，最明显的表现莫过于方言遭到歧视而濒临消亡，更别提深层次的传统习俗与地域风俗了。因此，重塑乡村文化需要传承乡村文脉并保护、利用物质文化。

乡村文脉传承：首先，村落景区在文化建设中，不仅要挖掘乡村家训村规，还要落到实处，要求各家各户深入宗谱寻根溯源，找到曾经的精神指引，制定各自的家训，形成良好家风，潜移默化地影响乡民的价值观与道德素养，为乡村德治打下群众基础；其次，要加强景区对文化资源的开发利用。就当前而言，村民意识不到或者只是在浅层次认识到文化的力量；因此需借助外界的力量，如规划设计单位、旅游开发公司等，来挖掘。通过对各类乡村民俗、庙会节庆活动、民间技艺等非物质文化的挖掘，重视文化参与体验。一方面能够让村民重拾故土记忆，重塑乡村文化自信；另一方面能够以此为基础，发展村落旅游项目，满足游客需要，促进村民增收的同时，也向城市传递乡村文化的博大精深；此外，还需

图3-2-1 乡村学堂

图3-2-2 乡村祭祖活动（诸暨电视台提供）

构建乡村文化传承规章，因地制宜地对乡土习俗、乡土技艺等有选择地加以保留继承；并出台相关规章制度，培养乡村习俗或技艺的传承人，保证乡村文化的可持续传承（图3-2-1、图3-2-2）。

物质文化保护：乡村文化不仅指民俗、技艺、制度等非物质文化，古建、古桥、古树、古井、建筑遗址等都是实质性的、看得见摸得着的物质文化（图3-2-3、图3-2-4）。不同地域自有其特定的文化标志符号，如提到马头墙，就会想到徽派建筑；说到白墙黑瓦，就会想到江南水乡；提及吊脚楼，脑海里就浮现出湘西风情等。因此，村落景区若要形成一定的文化标志符号，舶来品终究不切合实际，还得从村落中挖掘并加以利用。保护利用现存古建遗迹，挖掘古建元素，应用于乡土文化景观中，打造遗址景观等，都是景区建设中对物质文化的创新性利用。

图3-2-3 乡村祠堂建筑
（左图）

图3-2-4 古建筑檐部构件
（右图）

3.2.2　文化空间重塑，延续场所记忆

中国传统村落的空间布局受自然因素，传统文化，民俗及风水、宗族观念的深刻影响，在其长期的发展演变过程中形成了典型空间形态。因其根深蒂固的特有的宗族观、血缘观，传统乡村所表现出的文化凝聚力也远胜于城市。中国传统村落的演化一般由宗祠出发，繁衍出支祠与家祠，后两者围绕着宗祠布局，直观地反映了传统村落的文化观念传承（图3-2-5）。

村落景区文化空间重塑需要吸取传统村落空间布局的优点，挖掘传统村落的空间形态与文化脉络；避免村落景区在建设过程中失去自身特性。失去文化内涵的村落景区不易形成足够的吸引力，起不到振兴乡村的作用。

村落景区文化空间重塑策略可借鉴传统村落的发展模式，将文化空间分为文化核心空间、文化节点空间以及文化廊道空间。尤其是针对民俗文化型村落景区，如何构建文化空间，打造文化体验游览线路是其景区发展的核心内容。文化核心是指村民精神寄托所在，能够承载村落文化的深厚底蕴，并能为村民文化活动提供大型聚集地的公共建筑或场所，相当于传统村落的宗祠（图3-2-6）。文化节点是指能够满足村民日常生活需要，并能够从细节处表现村落文化形象的场所。其或是具有多种功能属性，可以是村口风水林、水口空间（图3-2-7）；或是民俗传承的载体；或是能够展现地方特色的精品民宿。文化廊道是指村落街巷空间、交通道路或者村落内部水系，其形态往往交错复杂，串联着文化核心与文化节点。

在村落景区的类型中，文化空间的重塑对民俗文化型村落景区尤其重要，把握景区核心文化，并通过多节点、密廊道的形式加以强化，才能形成较完善的文化空间格局，达到良好的文化游览体验，村落景区才可能得以持续发展。

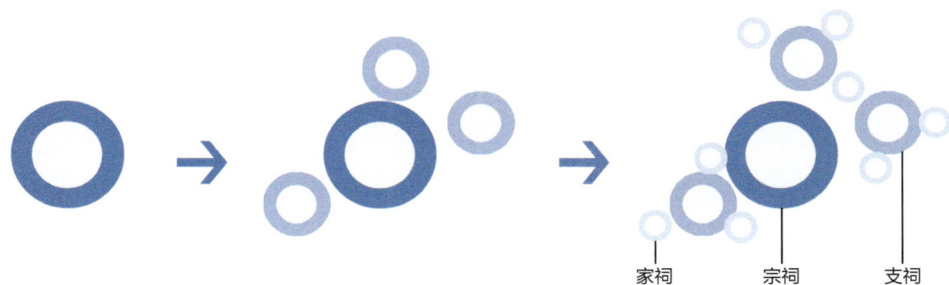

家祠　宗祠　支祠

图3-2-5 传统聚落生长模式

图3-2-6 乡村传统宗祠

图3-2-7 乡村水口空间

产业在乡村振兴战略中起着基础的作用，是乡村发展的基础动力。针对乡村产业发展散而不精的问题，应合理统筹村域产业布局，互补互助，形成良好的产业环境。一是重视乡村旅游业，深入研究各乡村特色旅游资源，确定各村落景区的发展主题；二是通过乡村旅游业的发展，根据各村落现状，选择与之相配套的一二产业业态，促进一二三产融合发展，构建具有内部可循环的良性产业生态体系，增强乡村产业的生命力。

3.3.1 以游为主，打造旅游品牌

目前乡村旅游散而不精，未能在宏观范畴上形成全域化景区，未能取得突破性进展的同时，又陷入了产品同质化竞争的困境。乡村振兴导向下村落景区的发展应抓牢乡村旅游，因村制宜地制定旅游主题；并从整个行政区域范围内的村落景区统筹考虑，避免相似的主题出现。于区域内形成合理的旅游差异路线，带动区域乡村旅游客源，实现区域乡村振兴。村落景区应在村域范围内选取具有乡土特性且具有资源异质性的特色资源，打造特色项目，确定旅游主题；并且围绕该主题作深入挖掘与广度扩张，形成"一村一品"，促进景区IP经济的形成。

特色资源因村落的地理区位、自然环境、人文环境而不同，但都有一个共同的特性——乡土性（图3-3-1~图3-3-3）。在当今物质文明十分发达的年代，难能可贵的纯真乡土气息才是吸引城市客源与资金的关键所在。此处特色

图3-3-1 乡村自然环境

资源是指在乡村地理区位内，对特色旅游项目形成与开发具有较大影响的资源。以临安乡村的现状情况为例，可将其分为特色自然资源、文化资源与产业资源三类。在村落景区规划中，应选择能够代表地方特色的资源进行项目特色定位，村落景区特色资源分类详见表3-3-1。

特色项目是围绕特色资源深入挖掘开发而来，各村落景区可根据实际情况发展一个或多个特色项目，但应确保其对游客的吸引力充足。特色项目以异质性为基础，强调项目发展的可持续性与互补性，具体内涵与实际运用详见表3-3-2。

立足特色项目，打造旅游品牌。品牌包含产品的名称、符号、标记、声誉等多方面内容。旅游地及其内含的旅游产品品牌是其树立口碑、吸引客源的制胜法宝，如灵山胜景成为佛文化旅游的代名词，迪士尼成为儿童家庭主题乐园的代名

图3-3-2 规模化种植业

图3-3-3 乡村手工作坊

临安村落景区特色资源分类

表3-3-1

类　型	自然资源	文化资源	特色产业资源
含　义	村落景区的自然基底，是乡村生态环境的承载物，特色资源主要集中在此类型之中	村落景区的文化内核为民俗文化，赋予村落景区更多的精神内涵与软性竞争力	村落景区原有的已形成一定规模的产业基础，为景区后续建设提供了现成的着力点
构　成	山地森林、河流水网、特色植物、规模农田	乡村技艺文化、国学文化、古道文化、农耕文化	花卉产业、创意农业、温泉度假、高山果蔬

词等。当前制约我国乡村旅游实现质的跨越的主要原因就是品牌意识淡漠。村落景区应立足于特色项目，提出相应的引爆点，并将其做大做强。本节结合临安村落景区规划的部分案例，根据上述分类，对其品牌定位归纳总结如表3-3-3所示。

村落景区特色项目特性 表3-3-2

特　性	内　涵	案例运用
异质性	特色项目能够吸引游客，必须有其异于他人之处；特色项目以村落特色资源为基础，具有极强的地域特色与场地符号特征	於潜耕织图村落景区，由于《耕织图》而被人熟知，是中国最早完整记录男耕女织的画卷，成为其发展耕织文化产业的支撑，其他村落景区难以复制
可持续性	乡村强调与自然和谐共处，其特色资源尤其是自然资源具有可持续发展的特性，能够保证旅游项目的运营与更新	红叶指南村落景区，因地处山地，开发建设难度大，故因地制宜，以村内红叶为特色，开展主题摄影、高端度假、文化交流等休闲产业
互补性	村落景区特色项目能够优势互补，构建合理的旅游体验体系，从"食、宿、娱、购"4个方面出发，使项目能向相关产业延伸发展	天目山村落景区，因村域资源丰富，特色资源众多，景区范围内4个村落皆有各自的特色项目且形成互补，如徐村村为果蔬采摘体验，天目村为农家乐，白鹤村为度假小镇，月亮桥村为高端民宿与漂流

临安村落景区品牌定位 表3-3-3

资源类型	村落景区名称	特色项目	品牌定位
自然资源	大峡谷村落景区	峡谷风情、古道寻踪	中国最美古道村落
	龙门秘境村落景区	峡谷探秘、生态运动	大山深处、龙门秘境
	太湖源头村落景区	乡村养生、民宿度假	太湖源头、养生白沙
文化资源	忠孝文化村落景区	忠孝文化、玫瑰产业	忠孝千年、浪漫相约
	耕织图村落景区	耕织文化体验	千年於潜、耕织图源
产业资源	太阳公社村落景区	创意农业、体验式农业	创意农业硅谷
	湍口温泉村落景区	温泉度假、国学体验	温泉胜地、古韵湍口

3.3.2 联动发展，构建产业体系

　　推进乡村三产融合发展，对拓宽农民增收渠道、构建乡村振兴背景下的现代农业产业体系都起着重要的作用。国外在乡村建设中，都有一定的产业融合发展的创新之举，如日本的"六次产业化"、法国的乡村旅游，都在一定程度上推动了该国乡村的三产融合发展。我国的村落景区，在建设过程中将以旅游业为核心产业，以现代农业为基础产业，以乡村文创业为延伸产业，横纵联合，完善乡村旅游产业的生态体系，促进规划区域内一二三产的结构转型（图3-3-4~图3-3-6）。

　　村落景区产业体系围绕旅游业的"行、游、住、食、购、娱"，将以上旅游元素纵向拓展至一产、二产乃至三产，使乡村产业具有强有力的凝聚内核，构建乡村特色产业体系，提高村落景区的核心竞争力，以实现乡村产业振兴。在配套相关产业定位的基础上，可根据村域现状资源分布情况、村域建设空间、相关产

图3-3-4 乡村夜市　　　　　图3-3-5 现代农业大棚　　　　　图3-3-6 乡村图书馆

业所需建设条件等，进行各配套产业的合理规划布局，实现区域内产业经济效益的最大化（图3-3-7）。

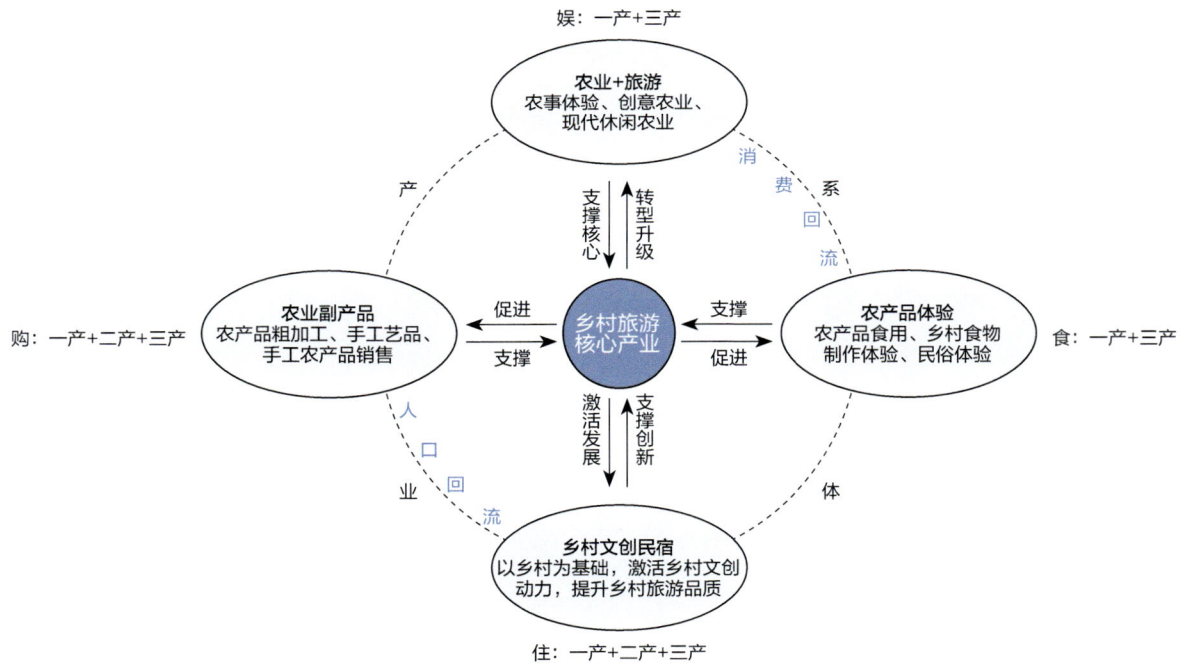

娱：一产+三产

农业+旅游
农事体验、创意农业、
现代休闲农业

消费系回流

支撑核心 ↑ 转型升级

产业回流

农业副产品
农产品粗加工、手工艺品、
手工农产品销售

购：一产+二产+三产

促进
支撑

乡村旅游核心产业

支撑
促进

农产品体验
农产品食用、乡村食物
制作体验、民俗体验

食：一产+三产

激活发展 ↑ 支撑创新

人口回流

体

乡村文创民宿
以乡村为基础，激活乡村文创
动力，提升乡村旅游品质

住：一产+二产+三产

图3-3-7 乡村振兴导向下的村落景区产业体系

中国传统乡村社会最明显的特征就是熟人社会，乡村由亲缘与地缘关系发展而来的差序格局为乡村传统的治理方式奠定了基础。但随着近几年的城市化发展，尤其是乡村旅游的发展，打破了乡村的地缘关系，疏远了亲缘关系，导致传统的乡村治理模式不能适应当今的乡村社会问题。

为了解决乡村振兴背景下，原乡村建设主体单一、村民关系淡化、社会资本有劲无处使等问题，且村落景区是将景区主体依托于村落主体，故村落景区建设引入多方治理理论，其实质是构建政府、市场、社会共同参与的"多方共治模式"。其中村落景区根据自身情况，将"社会"调整为"第三方机构"，第三方机构根据各村落景区的实际情况可做出相应调整，并优化明确原有村集体的职责，确保村民的利益，以实现村落景区的有序运营与可持续发展（图3-4-1）。

而作为村落景区，除了管理村落的日常运营，还需要注意景区的安保救护。在前文中提到应将"安保救护"这一要素纳入村落治理体系中，一方面是因为景区安保救护主体是游客，因此安保救护组织的建设主体应该是景区运营方；另一方面是景区的医疗救护设施应能在日常被村民们所利用，因此该部分村落与景区应共同建设。

多方共治为村落景区提供了由政府推动、三位一体工作组总协调、第三方专业组织与村集体合作治理的模式，统筹兼顾村落建设与景区发展。三位一体工作组由区级指导组、规划设计组和镇街工作组组成，上下贯

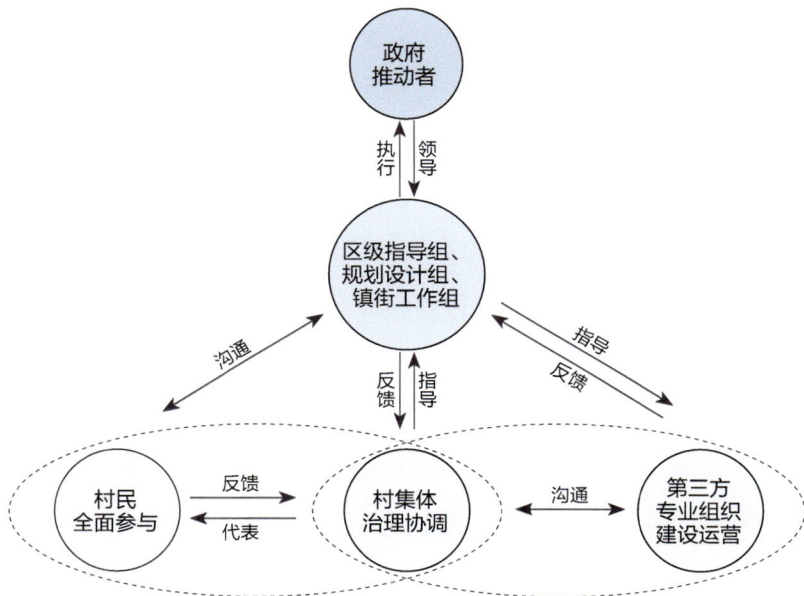

图3-4-1 村落景区治理模式

通，构架政府与基层和第三方的交流通道。村民能够直接或间接参与村落规划设计方案的审议，使规划初期更接地气，更满足村民需求。第三方专业组织能够在建设运营中及时反馈困难，由工作组进行上下协调。政府各部门各司其职，对村落景区治理运营起到推动作用。

3.4.1　乡村基层自治，优化组织合作形式

村落景区由两个主体构成，村落主体是其中的原始基础，其中包含了资源、制度以及人口基础；而乡村振兴战略的主体是人民。因此，在该战略引导下的村落景区规划，应强调乡村尤其是村民的主体地位，一方面是号召村民全程参与村落景区的规划设计与建设施工，积极吸纳村民的意见；另一方面，重新审视村集体的作用，破除之前多数村集体不作为的现象，使其做好村民与其他主体的沟通桥梁，引导村民投入村落景区建设中。

全民参与建设：《乡土中国》在"差序格局"这一章节曾提到中国人最大的毛病莫过于私。说起私，我们就会想到"只扫自家门前雪，莫管他人瓦上霜"的俗语；过去如此，在现今的村落建设过程中，也难免会出现这样的情况。村民未能投入村落的建设中，一方面是村民素质的局限；另一方面则是认为景区建设与自身利益无关，只是给第三方便利。

在乡村振兴战略背景下村落景区规划设计中，应引导村民积极投入村落规划中，尤其是与村落人居环境密切相关的建筑风貌、公共空间以及村内交通等。此外，在涉及与村民增收相关的产业规划时，需向村民了解他们的发展意愿，避免出现建设完成，却无人问津的现象。最后应发挥村民的主人翁意识，通过景区建设引导村民发展相关服务业、零售业，增加农民收入，让村民自觉投入村落景区的运营管理，打造良好的村落氛围（图3-4-2、图3-4-3）。

图3-4-2 村民参与运营（一）　图3-4-3 村民参与运营（二）

优化村集体职能：村落原有村两委的主要工作职能是传递上级政府通知，按部就班组织村民开展相关工作，村两委无法承担整合村民利益的重任，导致乡村公共事业发展滞后。因此明确村两委工作职能，优化村集体组织构架，构建村民与上级政府及第三方组织的沟通桥梁尤其重要。

党的十九大报告提出，要健全自治、法制、德治相结合的乡村治理体系。而村集体作为基层自治组织，需要跟上时代的脚步，优化提升自身职能，方能促进乡村振兴中的治理振兴。首先，村两委结合村落景区的发展理念，制定村规民约，强化自治。针对村落核心资源应重点加以保护，保证村落景区的可持续发展。其二，上级政府积极引导法治理念，活化法治。村落景区建设难免会遇到问题，应巧妙运用法治的强势，确保村落建设平稳推进。其三，构建德贤乡村组织，强化德治。针对村落景区的特殊情况，仅靠村两委无法满足景区内较为繁杂的事务，因此需构建以乡贤、返乡创业人士等为主的新型乡村组织。这样一方面能够以乡贤强化村落德治，另一方面能够更好地进行村民与第三方组织的横向沟通。

3.4.2 第三方管理，提高运营运转效率

村落景区的另一主体为景区，单纯依靠乡村自治尚不能保证村落景区的合理运营。秉承"专业的人做专门的事"这一理念，也为了解决村民素质参差不齐，专业知识较为欠缺的问题，乡村振兴导向下的村落景区运营管理强调专业组织的介入以及上级政府、规划单位、镇街部门的协调作用。

第三方组织专业运营：村落景区通过引进专业的旅游管理公司，对各村落景区进行运营。在选择运营商的问题上，需设置一定的门槛和制度。首先，由区一级政府部门对投资运营商进行评估，主要考察其主题活动策划、业态资源统筹、市场运作等能力，经双向选择后再进行合作；其次，赋予乡镇、街道自主权，可根据村落景区定位，寻找适合自身发展的投资运营商。

村落景区的第三方运营方式主要包含3种情况：①引进专业的旅游开发公司与村集体合作，村集体以村内资本入股；主运营权属于旅游开发公司，村集体起监督作用；②旅游公司托管，村集体将村落景区整体打包出租给专业组织，托管公司按年向村集体交纳租金；③村集体成立旅游公司，聘请专业人士加入，弥补村内的人才短板。

政府协调指导：临安区政府高度重视村落景区建设工作，成立专门的村落景区建设领导小组，并将相关的旅游、交通、住建、林业、农业等部门纳入小组内，提高村落景区建设的工作效率。村落景区建设由农村农业办公室牵头负责，主要分为两部分内容：一是，村落基础设施建设由农村农业办公室统筹协调；二是，运营管理、景区申报、招商引资以及对外宣传工作由旅游局统筹兼顾。除此之外，充分发挥乡村女性的作用，各级妇联以乡村庭院为工作重心，积极开展村落景区美丽庭院创建工作。

为让村落景区建设及管理运作更加高效，创新性地提出村落景区三位一体工

作组。工作组包含了区级指导组、规划设计组、镇街工作组，三位一体工作组全程参与村落景区建设工作，开展协调上下、指导、服务等工作。该工作组中，区级指导组主要负责向上传递村落景区的工作需要，向下传达上级政府的指导意见；规划设计组由规划设计单位组成，主要负责协调建设过程中村民与第三方组织产生的问题；镇街工作组主要负责村落景区的征地、处理村民纠纷矛盾等事务。

3.4.3　构建安保救护体系，打造安全屏障

作为景区而言，安保救护体系必不可少，尤其是规模较大的村落景区，其旅游项目多、地域广、游客多等情况都存在一定的安全隐患；因此，做好安保救护工作，是村落景区治理发展的重要组成部分。在村落景区规划中，须重视此两项工作的部署策划。

安保组织健全：较大的村落景区需要规划完备的安保体系，并由专门的机构进行组建；传统的景区安保体系由景区治安队、闭路监控系统、安全宣传体系等构成。而规模较小的村落景区，景区治安队可由村两委兼任。

安全救护到位：村落景区的游客活动多集中在主要景点，某些旅游项目存在一定的风险性，如乡村漂流、滑索道、户外攀岩、滑翔伞等；因此特殊项目需要配备专门的工作人员，指导项目体验与处理紧急情况。这类人员应受过专业的培训，由第三方组织负责人员配备。此外，乡村地域广阔，游客活动范围具有不确定性，需要配备巡逻队，定期对易发生事故的区域进行巡逻检查，防止人身伤亡事故的发生。此类人员应由村集体与第三方组织共同组成，村民熟悉村落环境，而第三方组织人员具备更完善的急救知识。此外，可让乡村卫生室入驻游客中心，节约资源的同时，也能照顾村民与游客。

乡村人口外流、乡村老龄化、留守儿童激增等问题是目前乡村社会遇到的一大难题，乡村空心化成为制约乡村社会发展的关键问题所在。在当今各大城市实行"抢人计划"的大背景下，如何破除人才对乡村的偏见，吸引人才返乡，是目前乡村振兴所要考虑的问题。

"打铁还需自身硬"，乡村振兴战略导向下的村落景区应充分发挥乡村旅游带来的人才、资本与资金红利，通过乡村旅游引导人才振兴。村落景区建设不仅需要政府、村民、市场的参与，更需要撬动社会人才与资本进入村落景区。通过提供创业平台，吸引创客回乡投资，为乡村社会注入新鲜血液。依据景区产业发展需要，就地培育新型农民，提高农民素质，增强乡村社会基础活力。

3.5.1 提供创业平台，吸引人才回乡

村落景区是一个开放的空间，受益主体依然是农民；景区虽然由第三方组织专业运营，但这并不代表景区主要受益人是第三方组织，其运营的最终主要受益人还是农民。村落景区应在开展乡村旅游的基础上，做好相关产业的规划部署，将乡村旅游进行横向拓展与纵向延伸，吸引创客回乡创业。

村落景区为创客提供的平台无外乎"食、住、购、娱、游"，这其中又以文创民宿、农产品制作销售、特色饮食为主；此三类服务项目有着前期成本可控，发展灵活机动，具有可操作性的特点。此外，村落景区应加强农村创业优惠政策，尤其是与农村土地相关的政策，打造良好的创业氛围。如绕城兰里村落景区，以土地整治为抓手，整理原零散用地约83.5hm^2，并通过一定的优惠政策，出租流转给杭州五生农业科技发展有限公司。该公司借土地创业平台，布局规划了花卉基地、花卉交易市场、特色农产品体验等促进农村三产融合的项目，为乡村复育提供了场所（图3-5-1、图3-5-2）。

图3-5-1 乡村花卉基地

图3-5-2 草莓采摘园

3.5.2　重视村民培育，提升村民素质

　　村落景区的类型不同，各类型村落景区衍生发展的产业也各有特色。如景区边缘型村落景区以乡村服务业为产业特色，其村民培训则注重村民的服务意识与开展相关服务业所需的职业技能；民俗文化型村落景区以乡村四风（风俗、风物、风土、风景）为核心资源，其村民培训则重视对传统文化的传承与创新，为景区所需的文创活动做准备；城市近郊型村落景区以其地理区位为优势，应培训村民，使其成为生态农业经营者，保护近郊净土，增加乡村农业活力，助力景区可持续发展；产业驱动型村落景区以其特色产业为基础，该类型村落景区的村民培育则应重视该特色产业的发展需要，就地消化劳动力；特色资源型村落景区与景区边缘型相似，以村落景区为核心资源的补充，应注重村民的服务业意识培养。

　　村民的培育应尊重个人意愿，但也需要有一定的统筹安排，避免出现两个极端，不利于村民就业疏导与村落景区发展。此外，各村落景区之间应共建乡村特色人才库，争取在各村落景区内部消化劳动力，提高村民收入，防止人口外流。

第4章

村落景区实践案例

Practical Cases of Village Scenic Spots

本章基于研究团队近年来的村落景区建设实践项目，挑选最具有代表性的城市近郊型、产业驱动型、民俗文化型、景区边缘型4个不同类型的村落景区。以村落景区带动乡村经济为目标，立足于场地特色和实际现状，结合村落自身发展需求，阐释村落景区的建设思路、具体方法和设计方案；并对村落景区的总体及分区规划、建筑空间形态、景观小品、停车场、铺装、照明、植物等的保护和改造设计进行详细解析，以期为类似村落景区的项目建设提供规划设计思路和借鉴。

4.1.1 平原水乡

1. 区位概况

绕城村因村落与高速西线相接而得名，是典型的大城市近郊型田园村落。绕城村位于杭州市西湖区三墩镇西北部，紧邻紫金港枢纽，交通便利，区位优势明显。除东侧的绕城高速以外，村庄南部有杭长高速穿过，北侧是杭州地铁2号线。距离三墩镇政府4.5km，距离杭州市中心地段武林广场13km，地处西湖区与余杭区的交界处。绕城村的区域面积约2.6km^2；辖区内有11个村民小组，全村525户人家，总人口约4282人，其中常住人口2331人，外来人口1951人。村庄外来人口比例较大，是典型的大城市近郊型乡村（图4-1-1）。

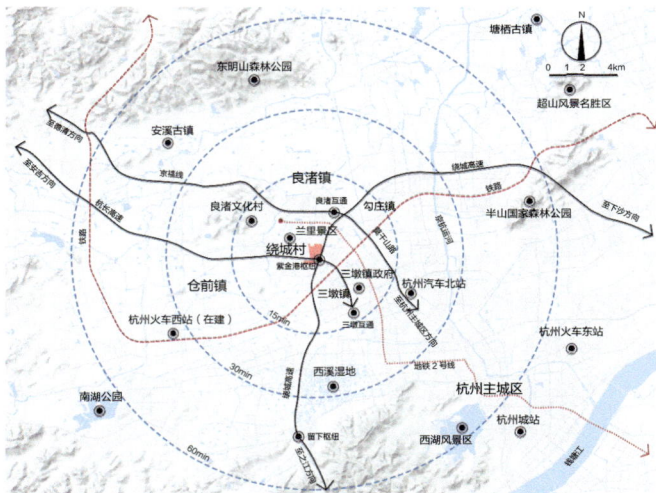

图4-1-1 绕城村区位图

2. 自然资源

绕城村属于平原水乡，具有悠久的历史和浓

郁的水乡文化底蕴。村内自然条件优良，良田、阡陌、河流、护坡和池塘等犬牙交互。丰富的水域与农田、村庄建设用地交相辉映，丰富的"林、水、田"资源形成"枕河而居"的水乡空间格局，宛如世外桃源（图4-1-2）。

3．历史文化资源

绕城村位于已有两千多年历史的水乡古镇——三墩镇。传说春秋战国时期，孔子的学生荀子游历时曾到过三墩镇，并在当地传道授业，沿河种植兰花。后当地百姓为纪念荀子，又称三墩镇为"兰里"。绕城村的手工编织草鞋和竹编技艺已有几百年的历史，当地至今仍保留和传授编织技艺；被列为杭州市非物质文化遗产的西子女红技艺和细木制作技艺也历史悠久。绕城村还是明代兵部尚书柴车的故里。正统五年（1440年），柴车荣归故里，路过水月湖墩附近时，被皓月当空、杨柳依依的景象所吸引，脱下了紫袍驻足观赏。后来人们便在此处建石桥以纪念他，并取名"卸紫桥"。除此之外，绕城村还有许多传统的特色民俗活动，如"立夏饭"和"上梁"。

图4-1-2 绕城村的林、水、田

图4-1-3 绕城村苗木基地

图4-1-4 花卉销售

4．产业资源

自开展美丽乡村建设以来，绕城村积极推行各种促进经济发展的项目，产业调整比例为85%，引进花卉、苗木种植12家，青虾养殖5家，蔬菜种植2家，为生态农业走向大市场、形成产业化创造了条件（图4-1-3、图4-1-4）。村庄南北面有面积约88hm²的农田被园林企业租用作为苗圃基地，树种多为香樟、红叶石楠等园林苗木。村庄内有工厂11家，包括铸钢件厂、服装加工厂、石材批发厂和仪表电机厂等，多为个体经营，规模小，分布较为零散。由于处于杭州近郊，房屋租金价格低廉，适合作为外来务工人员的临时住所，所以房租收入也成为村民的主要经济来源。

4.1.2 乡村空间格局失衡

近年来，在城市发展的过程中，绕城村被各种区域基础设施包围，如绕城高速、杭长高速等。由于外部空间的割裂和自身发展的滞后，绕城村与周边土地的联系越来越弱，其原有社会关系、人地关系和经济结构已发生巨大改变。笔者从生产、生活和生态"三生"空间角度出发，总结为以下几点（图4-1-5）。

1．生产空间破碎化

绕城村内共有农田142hm²，其中基本农田约14hm²。但在实际使用中，由于土地农业产出值低，耕地呈现非农化和非粮化倾向。部分农用地被租用为堆场，用来堆放城市建设垃圾、工程器械和建筑材料等。此外，由于村民在自家房前屋后进行违章搭建，对耕地也有相当程度的侵占。

大部分工厂临水而建，多数工业废水未经处理就被直接排放至河道中。绕城村东侧与南侧的高速公路为过境交通，进入村庄的内部并不方便。村内主要交通网为自然形成的两横三纵结构，横向道路宽度5~6m，纵向道路宽度3~3.5m，车辆交汇困难。场地内较多断头路，村庄聚集区道路等级较低，易拥堵。总体来看，绕城村已经不再依赖传统农业发展经济，耕地被非农用途切割占用，土地呈斑块破碎化面貌；产业发展缺少统一规划，造成凌乱、分散、低效的现状，并对环境造成一定破坏；由于管理上的粗放和土地权属不清，许多土地被荒废、闲置，土地价值贬损。

2．生活空间拥塞

由于绕城村位于城郊，房屋租金相对便宜，许多外地打工者在此租住，房租收入成为村民的主要经济来源。村民为扩大房屋面积而私搭乱建，致使生活空间闭塞、拥挤，不仅破坏了建筑风貌，而且存在安全隐患。由于人口和私家车的增多，村内原本狭窄且不连通的道路系统已不能适应交通的需求，给村民的日常出行造成极大不便。规划前的绕城村内仅有一处公共绿地——杨亭湾公园，面积仅为0.11hm²，人均绿地面积2.56m²，无法满足村民的日常游憩需求。此外，在基础设施方面，村内缺少防灾减灾工程、基本环卫设施和污水排水系统。在对村民的调查中也反映出同样的问题，有72%的受访者认为村庄环境不佳，65%的受访者认为村庄内部公共空间不足，81%的受访者认为基础设施有待完善。

3．生态空间被破坏

违章搭建房屋的行为和工业的无序化发展，不仅侵占了道路、耕地、水体，而且破坏了原本连续且具有自我修复能

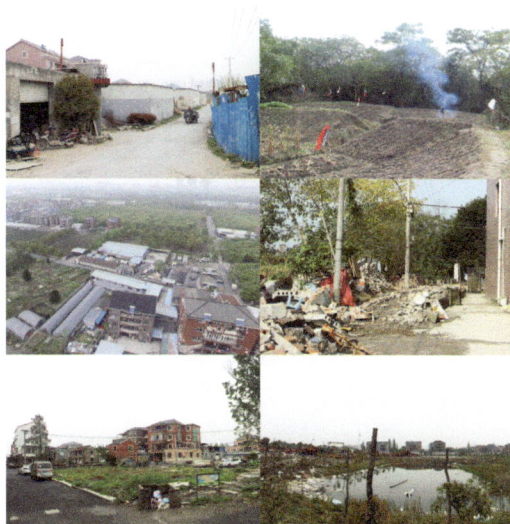

图4-1-5 绕城村建设前面貌

力的生态网络。分布在绕城村内的工厂，大多是产业结构单一，现代化、科学化不足的老式企业。村内有多处地块被用作垃圾、废物堆场，如同一块块伤疤，破坏着村内的生态环境，对村内的环境景观造成极大的负面影响。

场地内虽然水网丰富，但内河水深较浅，存在淤塞现象且存在枯水期。同时，由于缺少污水收集、处理和排放系统，居民的生活用水、工厂生产用水直接排入河道，水体富营养化严重，散发恶臭，对周边村民的生活产生不良影响。

综上所述，绕城村在产业转型过程中，由于缺乏引导和统一规划，表现出凌乱、分散和低效的产业特点；在经济利益的驱动下，出现违章搭建、占用耕地的情况；村民经济收入单一，主要依赖房屋和土地租金；基础设施及服务设施建设滞后，不能满足村民的日常生活需求；生活污染与工业污染叠加，环保形势严峻。

4.1.3 "三生空间"重构

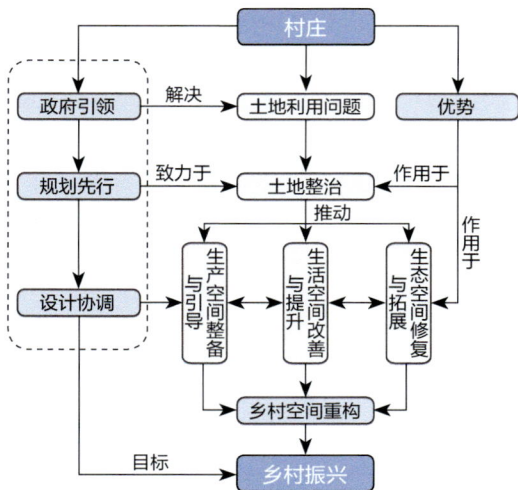

图4-1-6 "三生空间"重构发展示意图

乡村"三生空间"的重塑是在经济、社会和空间层面，主要以空间格局重塑作为重要表现形式，亦即重塑空间。绕城村从村庄内外需求出发，梳理"三生空间"的问题根源。在持续发展的目标下，提出生产空间整备与引导、生活空间改善与提升，以及生态空间修复与拓展的具体措施；以期最终实现"三生"空间的融合发展（图4-1-6）。

1. 生产空间整备与引导

绕城村基于村落景区的发展定位和目标，对产业空间进行整合优化，打造集生态农业、旅游休闲、运动养生、乡村民宿、文化创意于一体的产业模式，共同实践"农村复育、村民富裕、农业提升"的目标。

当地政府与杭州五生农业科技发展有限公司合作，在绕城村和华联村整治后的土地空间上，打造一个集农业产业开发、农产品物流与加工、休闲观光农业，以及现代旅游农业研发于一体的现代农业综合体。将原本简单的产业结构升级为一产（循环农业、景观菜园、育苗中心等）、二产（鲜花港花木市场、观光农场等）、三产（农业亲子运动庄园、水果丰收乐园、特色民宿等）相融合的产业发展新格局。建设内容还包括农村复育（特色农产品体验一条街、花卉果蔬合作社、农贸市场邻里活动中心等）和两岸交流中心（两岸农青创业试验田、浙台农耕文化馆等），将农业产业与旅游业相结合，创建4A级景区。同时，在绕城村建成规模较大、档次较高、设施较全的专业花卉苗木交易市场——杭州五生鲜花港（图4-1-7），将其打造成为长三角地区重要的花卉展销市场和花卉集散地。在创造优美环境的同时，也为周边居民提供大量的就业岗位。

2．生活空间改善与提升

秉持农村聚落合理、人口适度集中居住的原则，合理配置农村基础设施，积极利用乡村公共绿地与庭院绿地，提高村民人居环境质量。在建筑整治方面，将不同建筑类型进行分类整治，做到有的放矢，有针对性地解决建筑及住房问题。在庭院空间改造和公共绿地空间提升方面，针对庭院"失绿"、公共绿地缺乏的问题，增加了入口生态公园、生态河道、邻里公园、花田公园、湿地公园、滨水步道及若干景观节点，使公共绿地面积增加到 $10.25hm^2$。意图通过这些绿地的有机分布，拓展

图4-1-7 绕城村五生鲜花港

村民的休闲生活空间（图4-1-8）。

3．生态空间修复与拓展

规划从修复和拓展两方面对绕城村的生态空间进行整治。首先，关停污染严重的工厂，建设污水管道；生活污水进行统一收集，经污水处理厂处理达标后再排放。其次，由于河道久未治理，部分河道被淤泥堵塞，排洪泄洪能力减弱；因此必须清除河内淤泥，疏通河道，并新建3个水闸，建排灌站，平时补水，汛期强排。为了促进水体的流动和自我净化，将内河环通，在村庄东南角开挖河道500m。为营造江南水乡农村形象，将河道适当拓宽，部分河道建设草坡入水式的生态驳岸，建设生态湿地公园（图4-1-9）。原村庄邻近绕城高速一侧的防护林宽度较窄且不连续，因此对林带空间进行拓宽，并补植树木。

规划形成的沿水系和村庄边缘布置的绿色环线将成为村庄未来的生态屏障。尊重现有植物资源，对原场地中的苗木进行就地利用，一部分保留作为生态林地，一部分用于公共绿地的植物景观营造。

通过"三生空间"重塑，绕城村实现了从割裂、无序、低端的发展模式走向集约、和谐、融合的发展方向。在此基础上，规划团队欲为村民营造一个宜居宜业的美好家园，为市民打造一块参与体验的休闲乐土，为地域保留一块

图4-1-8 邻里公园

图4-1-9 整治后的湿地公园

纯净自然的生态绿洲（图4-1-10）。据此，村落景区的景观规划形成了"三大乡村主题、四个形象、十一个乡村节点"的功能结构，突出景观功能在村落景区建设中的作用，体现绕城村的文化特色，发挥区位优势，彰显乡村魅力，打造一个适合市民周末休闲旅游的乡村景观。

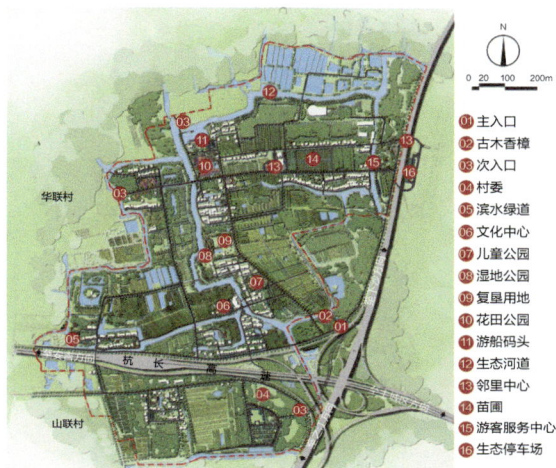

01	主入口
02	古木香樟
03	次入口
04	村委
05	滨水绿道
06	文化中心
07	儿童公园
08	湿地公园
09	复垦用地
10	花田公园
11	游船码头
12	生态河道
13	邻里中心
14	苗圃
15	游客服务中心
16	生态停车场

图4-1-10 绕城村总平面图

4.1.4　安居与乐业

绕城村村落景区建设是经过土地流转和整治之后，由政府统一部署的，围绕绕城村"兰里水乡"的定位和目标，提出对绕城村产业空间进行整合优化，打造集生态农业、旅游休闲、运动养生、乡村民宿、文化创意于一体的产业模式，共同实践"农村复育、村民富裕、农业提升"的目标。因此，规划提出"安居"与"乐业"两大目标，旨在解决"水—林—田—路—房—场"六大问题，建设宜居、宜游、宜业的城郊水乡生态旅游地。

1．水

团队充分利用现有水资源，采用"水净化、水景观、水产业"等手段，贯彻水生态治理理念，保育现有的河道、水塘，整合场地，创造良好的生态环境，形成各类生物的栖息地；并通过增加丰富多彩的产业和娱乐活动，如渔业养殖、垂钓、泛舟、赏荷等，凸显绕城村的水乡特色。

水净化：主要通过去污染源和净化处理两个阶段解决水体污染问题。首先也是最重要的是去污染源，即截污纳管，阻断污水来源。然后是净化处理，将死水做活，环通村内外水系，形成水循环系统；构建水生物净化景观系统，利用水生、湿生植物吸收净化，并结合农田湿地、水生植物净化池等打造净化体系（图4-1-11）。

水景观：团队主要注重的是景观节点和沿河驳岸的美化提升，并且考虑水景体验的参与性和安全性。通过水埠头、亲水平台、钓鱼台、古桥、栈道等观赏和交通设施，贯通水陆交通系统，增强游人的亲水体验，强调景观的功能性，保留绕城村独特的乡土气韵（图4-1-12）。

水产业：通过设计丰富的亲水活动项目，创造经济价值。团队针对该村的资源状况，提出"水产业"八大主题休闲活动策划，即环村泛舟、临溪渔趣、芦花飞雪、古桥追梦、鱼台月影、香蒲河畔、慢漫溪街、大隐村宿（图4-1-13）。

环村泛舟即在改善水环境、提升水景观的基础上，疏通河道，形成环村的水上游览路线（图4-1-14）；临溪渔趣利用原来光秃秃的沿河空地，设置景观钓鱼台及配置滨水植物，为村民和游人提供钓鱼休闲场所；芦花飞雪则以成片的芦苇荡为主要植物景观对象，形成生态湿地景观（图4-1-15）；古桥追梦在保护古桥——缘壩桥的基础上，根据场地历史，利用乡土材料，打造具有归属感的精神场所（图4-1-16）；鱼台月影里设置了观景平台，注重夜晚灯光效果，同时增加集散空间，引导人流；香蒲河畔即在河畔种植经济作物香蒲，既可作为村民的经济来源，又形成富有野趣的自然景观；慢漫溪街，则将沿河房屋改造为商铺，招商引资，引导产业业态的多样化，结合滨河步行街，打造一条活力慢游线；作为城郊民宿的大隐村宿，为村落景区提供相关配套服务，同时也是村民增收的途径。

图4-1-11 湿地植物景观

图4-1-12 桥亭

图4-1-13 "水产业"主题项目分布

图4-1-14 环村泛舟

图4-1-15 生态湿地

图4-1-16 缘壩古桥

2．林

团队利用原有苗圃资源、结合植物季相变化，增添村庄景致，美化林下空间，并增加林下体验，如宠物喂养、赏樱花、林下赏花、房车露营、林下瑜伽等活动。通过"林梳理、林景观、林休闲"手段，打造"林下经济"主题项目，实现单纯生态林向"林下经济"的转变（图4-1-17）。

在樱花雪月里打造以樱花为特色的主题游园，增加游人的观赏体验；林下

图4-1-17 "林下经济" 主题项目分布

宿营利用了林下较为空旷开敞的空间，提供房车露营、数星星等休闲活动；绿野仙踪依托场地的自然景观资源，通过瑜伽、骑行、野炊等一系列活动的设置，打造健康生态、乐活慢行的景观线路，为附近居民和游人提供放松、游乐的场地（图4-1-18）；暗香疏影则利用林带、香草、花海等植物景观设计，打造梦幻的摄影基地（图4-1-19）；杨亭湾烧烤设置了烧烤、露营场地，增设小卖部等配套设施，在保证安全的基础上，提供多样的人性化商业服务（图4-1-20）；林籁泉韵利用大自然的声景环境，适当增设休憩小空间，使人们置身于静谧的林地中，聆听风吹树叶与泉石相激的"天籁"之音；为维持生物多样性，增设动物喂养或宠物基地，通过喂养羊

图4-1-18 慢行游线

图4-1-19 摄影基地

驼、兔子、乌龟等，促进人与动物的和谐相处。

3．田

利用现有农田，种植时令花卉、蔬果；结合农业作坊，形成"耕作—采摘体验—农业作坊加工—物流销售"产业链。增加农事休闲活动，如采摘瓜果、农耕体验、科普教育、赏花海、摄影、水田套养、藕田套养等，引领乡土时尚，充分展现乡村的田园趣味。在以上"田彩化"的基础上打造新农业综合体，使不同受众都能参与其中，亲近乡村（图4-1-21）。

花海融春利用原本的农保田，打造春、夏、秋三季花海景观（图4-1-22），并融合产业发展模式，将花卉出售、花卉作坊等加工、包装产业与旅游业齐头并进，增加村民收入；农业科普基地内为中小学生开设科普教育点，如科普农事基础知识，开展"做一天快乐的小农夫"活动等，通过农作物认知、采摘和种植等体验，提高孩子的动手能力，亲近自然；水田套养即在稻田中养鱼、龙虾、泥鳅、鳖等，策划体验式农家乐，抓鱼、抓泥鳅等参与性活动，将存量田地利益产出最大化；满满果园开展果树线上领养、线下采摘的活动，如梨、杨梅、柿子、水蜜桃等果树的"云种植"，打造体验式瓜果采摘园（图4-1-23）；菜篮子蔬菜基地则通过传统农业种植技术和现代农业科技的结合，种植无公害绿色蔬菜，结合网络销售和物流运输，提升农业经济产值（图4-1-24）；藕田抓鱼利用藕田套养鱼类，将种植业与养殖业结合起来，可达到藕、鱼双丰收。

图4-1-20 房车露营

图4-1-21 "新农业综合体"主题项目分布

图4-1-22 花海景观

图4-1-23 瓜果采摘长廊

图4-1-24 菜篮子蔬菜基地

4．路

根据道路系统规划的基本要求，形成人车分流的机动车交通系统和慢行系统，拓宽村内道路，完善村级道路，增加停车场地，建立良好的交通系统。车行系统与慢行系统相对独立，为村域景区化奠定基础，为游人提供舒适的游憩氛围。自行车道全程约7000m，骑完全程约消耗210卡路里，亲水率达50%；人行道全程约6000m，走完全程约消耗510卡路里，跑完全程约消耗700卡路里，亲水率达90%；船行道全程约4500m（图4-1-25~图4-1-27）。

5．房

在建筑的美化上，首先，拆除违章建筑，对剩余建筑进行分类整治。根据建筑的结构、立面、样式等情况将其分为A、B、C三类。为了使不同建筑的风貌相互协调，对部分建筑立面进行整改。拆除违章建筑后，村内建筑共计362幢。统计发现，建筑色彩以灰色、朱红色、白色、黄色为主；其中朱红色建筑127幢，占比35.2%；灰色115幢，占比31.6%；其他颜色共计120幢。因此，选择朱红色作为村庄建筑的基底色（图4-1-28）。其次，注重住宅庭院空间和公共空间的景观营造。庭院面积的设定与建筑占地面积一致，且不小于60m²，不大于120m²；如前院面积不足，则用后院补充。

6．场

利用拆除违章建筑空间、垃圾场、堆场等有条件的场地

图4-1-25 车行道   图4-1-26 慢行道   图4-1-27 船行道

打造公共休闲空间，营造4个公园、12个口袋公园、停车场等体验空间。城市近郊区乡村景观通过自然环境与建筑物的相互作用，向人们展示人工与自然的和谐美，同时也体现出民俗风情与现代文化的交融共存。定期举办民俗文化活动，展示传统文化魅力，以文化唤醒场地记忆。

孙家坝口袋公园——"礼"园：礼，礼仪，中国自古以来就有"礼仪之邦"的美称。对于现代社会而言，有利于提升个人素养，协调人际关系，塑造文明的社会风气，促进社会主义精神文明建设。设计团队利用孙家坝主干道旁的闲置空地，以"礼"为设计意向，将尊老爱幼、礼尚往来、礼貌待人等传统礼仪故事，采用浮雕的形式，刻于质朴的石板上，将"礼"之意向显化为浮雕形象，从而继承和弘扬传统文化。配以休憩设施和乡土植物，既保留了绕城村独特的乡土气息，又为村民提供了娱乐休闲的公共场所（图4-1-29）。

荷风柳浪：绕城村内河道富营养化、污染严重。设计团队通过

图4-1-28 绕城村民宅改造前后对比

103

河道清污、水质净化，利用原有废弃水埠头，提升沿河驳岸景观；并配置安全防护设施，为附近居民提供乘凉、交流的场所。在植物配置方面，沿岸栽垂柳，水中植荷花，营造杨柳依依、惠风和畅的舒适感。同时，疏通环村水系，利用水乡独有的交通方式，带给游人"乘一叶扁舟，赏荷风之趣"的游玩体验（图4-1-30）。

安头村中心休闲空间：安头村北临杭长高速，周围被林田包围；村庄内部全是硬质铺装，没有开放的绿地空间供村民日常娱乐活动。设计团队在设计之初，广泛征集村民的建设意见。最终选择在村中心空地建设一个开放的休闲空间，设置凉亭和小广场，配置乔木花卉，供村里的老人纳凉、下棋和跳广场舞。为村民带来福祉，也使村庄重新焕发活力（图4-1-31）。

图4-1-29 孙家坝"礼"园改造前后对比

图4-1-30 "荷风柳浪"景点改造前后对比

图4-1-31 安头村中心休闲空间改造前后对比

设计师问答

问1：绕城村入口景观建成后受到很多人的喜欢，成了网红打卡地，您能讲一下村落入口景观设计对于整个村落景区的作用吗？

答1：入口景观是村落景区的"门面"担当，往往采用适当夸张的艺术手法，以地标性的构筑物带给游客视觉冲击；或是利用乡土材料、乡土植物等体现景区特色的景观要素进行配置设计，突出村落景区的乡土特色和文化底蕴。

由于入口景观是游客的第一印象点，在整个村落景区空间游线布局中具有十分重要的地位，其建设的好坏很大程度上决定了能否吸引游客进入；同时，入口景观也是村落景区与外部环境"沟通"的窗口，是景区主要文化特色的展示区。设计时，应注意与外部交通和环境的适应性，体现景区特色，方便疏散人群和消防通行。

问2：绕城村作为典型的江南水乡，您觉得在村落水景设计方面应该注意什么？

答2：江南地区水网密布，水上交通比较发达。因此，在村落景区水系统规划设计中，考虑到水乡特点和场地水环境状况，应十分注重水岸的亲水性、安全性和生态性。为游人提供丰富的水上娱乐休闲活动，满足人类自古以来的亲水性，如水上游览、划船、漂流、潜水等；安全性设施是游人在观赏、玩乐时，生命安全的保障，如沿河护栏、急救设施、警示牌的设置等；生态性是村落水环境整治的目标，对环境进行清污、排沙、净化和美化，保留河边古树和埠头，重现儿时戏水捉鱼的欢乐场景，唤醒人们心中的儿时记忆。

问3：在乡村振兴战略背景下，您觉得绕城村村落景区有哪些值得借鉴或可推广的建设经验？

答3：绕城村村落景区正是在乡村振兴战略下积极实践的产物，村落景区建设是依靠当地政府的支持，在具有建设景区的自然景观、历史文化、基本产业和交通区位等条件的村落实行的一种提升自身经济、促进乡村发展的建设模式。

绕城村村落景区建设的可取之处在于其乡土资源的充分利用、景区式管理、产业模式的多元化发展以及不同空间业态的整合策略。设计团队在多次现场调研的基础上，深入挖掘绕城村的历史文化资源、自然资源和产业资源，并将其转化为建设村落景区的优势条件，做到乡土资源的最大化利用。结合乡村的自身特点，进行景区式管理，对环境的要求更高，也提升了社区内的基础服务水平。产业模式的多元化，以旅游业为主打产业，带动农业、服务业、手工业、艺术文化产业等的集约化发展。此外，在国土空间规划的指导下，将村落"三生"空间进行重构，实现村落"三生"空间的可持续发展，推动乡村振兴战略的实施。

4.2.1 山地茶村

1. 区位概况

龙坞茶镇位于杭州市西湖区，依山而建，以传统西湖龙井茶为主产业。作为龙坞茶镇10个自然村之一的叶埠桥村位于其东南方，面积约1.8km²；东起未来世界，南至西湖国际高尔夫球场，西接葛衙庄社区，北邻大清社区；是龙坞风景区的交通门户，茶镇窗口。紧邻杭州绕城高速和留泗路，交通便利，距西湖风景区仅半小时车程（图4-2-1）。社区户数353户，常住人口1478人，流动人口两千余人。叶埠桥村村落分散，辅房多，密度大。生态茶园风景秀美，业态特色鲜明。水质清澈，绕村绿带兼具生态价值与景观潜力。

2. 自然资源

叶埠桥村三面环山，自然景观优美。连绵的自然山脉层层展开，龙坞景区的西山森林公园就在其间。山顶云雾缭绕，呈现开放、大气、优美的原生态自然环境。叶埠桥村北面有三百余亩（1亩≈666.67m²）茶园，与连绵的山脉共同构成整个村落景观的背景（图4-2-2）。村落内部建筑与庭院沿路分布，有5处水塘散布于村落各处。村内植被丰富，茶田、果蔬等经济作物以及观赏植物随处可见，构成叶埠桥村的聚落斑块。大清溪、龙门溪两条水系穿行其间，留泗路、清谷路、叶埠桥路共同形成

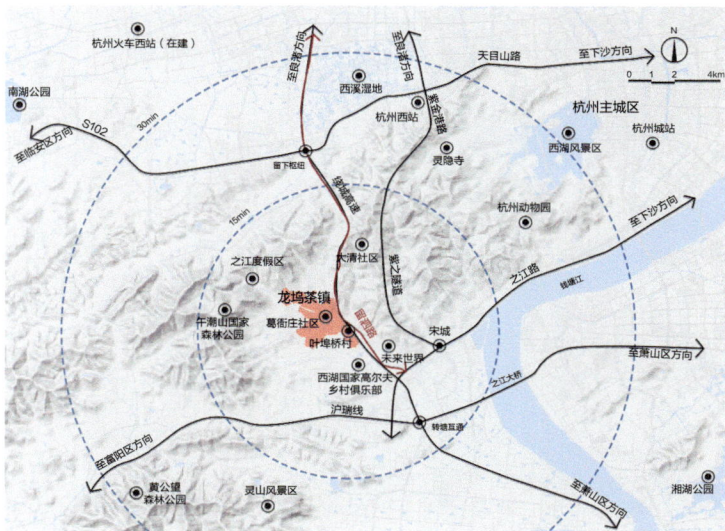

图4-2-1 龙坞茶镇区位图

村落内部通向外界的道路系统，水系与道路形成乡村的廊道基础。

3．历史文化资源

相传，古时叶埠桥村附近的龙门溪溪流湍急，只有一条小船来回摆渡，百姓来往两岸十分不便。后来，一位在岸边卖茶的叶婆婆用卖茶的钱和全部积蓄建了一座石桥，解决了跨越龙门溪的难题，于是人们便把这座桥称为叶婆桥，后改名为叶埠桥。后来，由于此处兴旺的船运生意，人们便在叶埠桥附近安家落户，形成了叶埠桥村。

叶埠桥村是北宋婉约派诗词的集大成者周邦彦的故乡。吴越国王钱弘俶"纳土归宋"时，被宋太宗赵光义安置到京城汴梁居住，钱塘的望族士大夫一并迁往汴梁，周邦彦家族亦举家迁往汴梁。后来又几经辗转迁回叶埠桥老家，叶落归根。

图4-2-2 叶埠桥村茶田景观

4．产业资源

西湖区龙坞镇是西湖龙井茶最大的原产地保护区，茶业占了整个农业经济的半壁江山。因此，叶埠桥的农业自然以茶产业为主，境内茶园面积达300亩。乡村企业以村落为中心，形成沿留泗路和清谷路工业经济长廊的一部分。最独特的产业"雕塑一条街"是目前全浙江省最大、最专业的雕塑、园林装饰、艺术品收藏、珍稀木材家具经营特色街（图4-2-3）。另外，叶埠桥的文创

图4-2-3 留泗路"雕塑一条街"

产业也较发达。唯一一个对叶埠桥乡村景观产生不利影响的产业是房屋出租。叶埠桥地处城市郊区，省道线留泗路穿境而过，交通便利、租金便宜，因而聚集了大量的流动人口，房屋租金成为叶埠桥村民的一大经济来源。

4.2.2 空间与业态失衡

经过设计师对现场的反复踏勘与分析，发现叶埠桥村对外交通便捷，可达性高；拥有丰富的特色茶业景观资源；现存植物种类也较为丰富，生态环境良好。但村落整体景观缺乏文化特色、缺失公共活动空间等现象较为突出。现状问题可总结为四点：一是布局混乱，配套设施不全；二是空间拥挤，开放空间不足；三是特色突出，但业态层次不高；四是区位优异，但村落间的联动不紧密（图4-2-4）。

1．布局混乱，配套设施不全

村内建筑以农民自建为主，主要依靠施工人员多年积累的经验和建造技术。由于建筑设计理论及建造技术的不足，导致房屋建筑存在很大的安全隐患；建筑面积虽大，但空间利用率不高；且建筑布局混乱，难以保证采光及保温隔热的舒适度需求。

村内配套基础设施也较为匮乏，水、电、燃气供应体系不完善，生活质量有待提升。村内交通不畅，由于违章建筑过多，导致村内支路、小路易形成断头路，而且缺乏公共停车位以致车辆

图4-2-4 叶埠桥村改造前面貌

乱停乱放。由于规划管理不得力，乡村建设空间布局愈加混乱。

2．环境拥挤，开放空间不足

作为城市近郊乡村，由于大批外来务工人员的涌入，租房需求量急剧增长，村民为了增加经济收入，违章搭建现象严重，这导致村内建筑密度过大，绿色基础设施不足，严重缺乏公共活动空间。此外，村内景观无特色，乡村庭院空间"脏、乱、差"现象较为严重。村庄街道、居民点和田间道路绿色覆盖度低，沟、路、林、渠生态破损严重，绿化植物群落结构和树种单一，缺乏乔、灌、草的合理搭配和季相变化。总之，村落绿化的系统性较差。

3．特色初显，但业态层次不高

叶埠桥村具有良好的茶叶种植、雕塑和文创产业基础，但目前的产业现状还不足以支撑起村落景区的建设。产业业态层次不高，结构分散、规模小，一二三产结合不紧密。最具特色的茶产业也未能打造良好的品牌形象。没有与休闲农业结合发展的营销策略，导致产业经济创收低、发展不均衡。

4．区位优异，但村落联动不紧

叶埠桥村所处的龙坞茶镇是西湖风景区西侧的主要观光区，村落周边分布着许多旅游资源，如西湖高尔夫乡村俱乐部、马术俱乐部等。可惜村落的对外联系相对闭塞，没有充分借助周边的资源优势，形成联动效应，因此未能打出品牌效应。久而久之，在周边产业迅速发展的对比下，叶埠桥村的发展便显得十分滞后。

综上所述，叶埠桥村落缺少短期和长期规划，且村落内部的问题亟待解决。

4.2.3 文旅一体化发展

　　叶埠桥村落景区的景观规划以龙坞茶镇为依托，短期规划与长期规划相结合。短期以场地自然景观资源和乡村产业提升为抓手，以改善民生环境为根本，进行"三路两溪一带"的总体景观规划。从外到内、由整体到局部地打造景观层次结构。长期规划的重点在于联合周边村落优势，集中打造以茶产业引领新产业集群、以茶文化凸显新文化风范和以茶生活构建新生活方式的最具乡土茶韵的龙坞产业特色村（图4-2-5）。

　　叶埠桥村产业规划利用政府土地流转政策和现有茶叶种植、文创和雕塑产业，推进农业集约化策略，招商引资、引导中小型企业入驻。以茶产业为依托，茶文化为IP，充分利用茶园季相变化和采茶生产场景，保护并合理开发茶产业。通过提升茶田景观生态环境，开展茶事体验、茶艺表演、茶科普研学、茶商品购买等项目，形成集农业观光、休闲游憩、生态养生于一体的新型茶文旅发展模式（图4-2-6~图4-2-8）。

1. 茶田观光

　　在不影响茶树生长的前提下，在茶田点缀植物组团或增添休憩设施等，提升景观效果，形成良好的田园风光，保护茶田的生态环境，加强管理和维护。

01 社区服务中心
02 叶埠桥新村
03 馒头山公园
04 大型停车场
05 茶乡人家
06 大美创意园
07 雕塑一条街
08 天云宫口袋公园
09 生态茶园
10 张前弄水库
11 老年活动室
12 叶埠桥公园
13 大清溪公园
14 古树口袋公园
15 叶埠桥口袋公园
16 龙门溪滨水绿带
17 周家塘口袋公园
18 梅家园口袋公园
19 生态停车场
20 村庄祠堂
21 走马畈口袋公园
22 茶叶一条街

图4-2-5 叶埠桥村规划总平面图

2．茶事体验

通过举办茶艺比赛、茶文化节等活动，将茶文化与旅游业有机结合。采取适当的品牌营销策略，结合种茶、采茶、晾茶等茶事体验，充分发挥会展、节庆活动的联动效应，精心打造茶文化旅游IP。

3．茶艺表演

充分挖掘茶艺表演、茶艺品鉴的休闲旅游价值，通过适当创新，引领论茶、品茶新风尚。创造品茶的视、听、味立体享受，使其成为一种高品质的休闲生活体验，进而将其打造成特色休闲旅游产品。

4．茶加工展示

引导茶叶加工的中小型企业，把茶叶加工展示发展为旅游项目；同时，政府职能部门要积极引导

01 生态茶园
02 龙门溪滨水绿带
03 梅家园口袋公园
04 生态停车场
05 周家埭口袋公园
06 村庄祠堂
07 走马畈口袋公园
08 茶叶一条街

图4-2-6 茶主题体验片区规划图

图4-2-7 茶主题体验片区规划鸟瞰图

图4-2-8 茶园效果图

和支持，建设"工农业旅游示范基地"，开发茶特色工业旅游产品。

5．茶田康养

依托最具名气的西湖风景名胜区旅游资源，开发茶田康养项目，游览名山，参观茶田，了解茶叶的功能，采购适合的茶叶种类，体验品茶趣味，并在空气清新、景色优美的茶田中修身养性，打造丰富多彩的茶文化旅游活动。

6．茶科普研学

我国茶文化历史悠久，茶艺精湛。充分利用优美的自然环境和丰富的茶文化知识，开展研学旅游产品；还可针对寒暑假，推出以生态旅游为主题的茶乡夏令营、冬令营等活动。

4.2.4　"三境"融合与体验式景观

景观规划是村落景区建设的重要一环，在规划过程中，首先应遵循村庄原有肌理，保持外部自然环境和村庄整体形态。村落景区的景观以"物境——就地取材，整合乡土元素；情境——结合环境，打造开放空间；意境——传统现代，营造场所精神"为总体策略；充分利用当地特色资源，塑造以人为本的特色空间，挖掘村庄人文历史等非物质文化，并将其融合于特色村庄的营造中。

1．乡土物境

乡村物境的营造主要在于保护村落的自然肌理、街巷空间和当地的古树名木等乡土元素；同时，考虑景观的实用性，遵循人性化的空间尺度，创造多功能空间，尊重村民的生活习惯，完善基础设施，提高乡村整体环境，从而营造一个具有亲切感的景观环境。如何挖掘乡土特色资源、展现乡土风貌是建设的重点。

乡土资源主要包括乡土材料和乡土植物。乡土材料是指本土的自然和传统用材，如本地产的毛石、条石或传统工艺打造的老物件等；乡土植物是指乡间的本土植物，即在特定地区或环境中不受人为干扰的、已高度适应当地生态环境的本土植物或外来引进植物，如狗尾草、苔藓等（图4-2-9）。

图4-2-9 乡土材料利用效果图

乡土材料：乡土材料价格低廉，取材方便，带有强烈的地域标识性，对于营造乡土特色景观有很强的表现力。乡土材料可分为直接利用与加工利用两类。直接利用指运用乡土器物，经简单的艺术加工，直接放置于景观环境中。如作为叶埠桥村文化展示窗口的叶埠桥公园入口广场，设计团队利用古旧的磨盘、条石、毛石等乡土材料作为景观点缀。老石门和石臼按照一定的节奏排列，营造出一种景观仪式美；并通过老条石景墙的围合，使入口广场具有较强的内聚性，从而使这些乡土器物成为广场的视觉空间焦点，加深了游客对入口广场的乡土意象感知（图4-2-10~图4-2-12）。

01 留泗路　06 老石件艺术墙　11 疏林草地　16 亭子
02 嵌草铺地　07 老石门　12 石碓
03 清谷溪　08 磨盘、条石汀步　13 老石桥
04 园路　09 石条嵌草铺地　14 拦水坝
05 旧条石铺地　10 石板桥　15 古埠桥影

图4-2-10 叶埠桥公园平面图

而加工利用是指通过各种乡土元素表达手法，包括集聚、夸张、引借、融合等，将看似不起眼的一砖一瓦一石整合创

114

图4-2-11 叶埠桥公园鸟瞰效果图

新利用，以普通的材料构建不普通的景观。如叶埠桥景观节点的老物件艺术墙，依托老古桥的历史文化，对乡土物件作陈列展示和功能置换；如将磨盘按照一定的韵律镶嵌在景墙上；将猪槽、石臼进行功能置换，用作种植器皿。并设置亲水平台，重现老叶埠桥的泊船情景，增强历史景观体验，带给游人亲近感和归属感，引发人们的乡土情结和精神共鸣，从而焕发出新的乡土魅力（图4-2-13、图4-2-14）。

乡土植物：乡土植物是村庄特色资源中唯一有生命的元素，它最能代表当地植物景观特色，且适应当地气候。故应保留古树名木，采取与场所特性相协调的种植形式，构建乡土植被群落，形成具有乡土气息的植物景

图4-2-12 叶埠桥公园景墙

图4-2-13 "古埠桥影"效果图

图4-2-14 "古埠桥影"实景图

观效果（图4-2-15、图4-2-16）。按照叶埠桥村原有植物种类和分布情况，梳理规划后，形成黄山栾树行道树、樱花树群、百慕大草坪和乡村花径4类植物景观片区。其中乡村花径主要以花叶美人蕉、大花萱草、虞美人、美丽月见草、大花金鸡菊、凤仙花等地被植物构成；既不失田园野趣，又兼具地域特色。

2．乡土情境

乡土情境是指对乡村整体景观形态进行分析，在保护的基础上对原有乡土元素进行模仿，通过模仿乡土元素再现乡土景观，营造乡土意境。在打造乡土情境的过程中，应避免呆板、生硬的模仿，一味机械地模仿不但不能取得理想的效果，还会造成乡土资源的浪费和对自然环境的破坏。因此，再现乡土景观的前提，是对乡土元素的特点和属性进行深入了解，分析乡土元素与乡村环境的本质联系，抓住被模仿对象的内涵。通过模仿乡土元素可以激发我们的创作灵感，从而再现有特色的乡村景观。

如龙门溪滨水绿带景观设计，为了增加人们的滨水体验，提炼乡土景观要

图4-2-15 凌霄花

图4-2-16 石榴

① 滨水长廊　⑤ 生态停车场
② 滨水步道　⑥ 绕城绿带
③ 埠头　　　⑦ 生态茶园
④ 梅家园口袋公园　⑧ 茶叶一条街

图4-2-17 龙门溪滨水绿带总平面图

图4-2-18 龙门溪滨水绿带效果图

素；将原有埠头改造为亲水平台，保留原来溪边的枫香树，营造可游可赏的公共空间，再现儿时捉鱼戏水的情境（图4-2-17、图4-2-18）。同时，在龙门溪西侧建造茶叶一条街，展示晾晒茶叶、炒茶等制茶工艺，体验品茶、赏茶等休闲活动，营造新的乡土情景。

3. 乡土意境

乡土意境是指在保护和再现的前提下，通过艺术手法和现代技术，把乡土元素进行提炼和抽象处理，创造出新的形式和景观符号，再次融入景观设计中；从而充分发挥场所精神，实现乡土特色的可持续传承。如大清溪滨水绿带节点；原本河道一侧建筑墙壁颇具江南特色，而另一侧建筑则破败不堪，形成鲜明的反差对比。设计团队在拆除违章建筑，保持江南茶镇特色的基础上，提取江南廊亭的建筑元素；与粉墙黛瓦元素相结合，增设河道两侧护栏，补植水生、湿生植物；将象征"茶乡水韵"的历史元素以新面貌展现出来。既保持了元素本身的精神象征，又体现出了新时代乡土景观的新风采（图4-2-19）。

乡土意境的受众是人，而最能深刻感受乡土意境的，始终是对村庄环境有着深刻理解的乡村居民。叶埠桥村村落景区规划工作始终保持与村民的良好沟通，保证村民以各种形式参与规划设计。以与各家各户关系最为紧密的庭院整治为例，设计师提供多个备选方案，规定好绿化及硬质铺装的大致面积与比例。把绿地铺何种地被，种何种乔木——柿子树、香泡树还是石榴树，围墙上绕何种藤蔓，立何种绿篱等一系列问题交予村民自主选择。正是通过这种村民多元化参

图4-2-19 "茶乡水韵"景点改造前后对比

与的方式，糅合各人的改造意愿，叶埠桥村才更具地域特色，其景观才更贴近村民生活；同时，村民对于自己营造的景观有保护和管理的内在动力，有利于村庄特色的继承与创新。

如留泗路雕塑艺术街，于2013年进行了文化创意产业改造，最终改造为总长约3.5km的"转塘•叶埠桥雕塑特色街"。该特色街主要以石雕产业为主，木雕、根雕为辅，还有铜雕、玉雕、牙雕等艺术作品的展示、销售。但几年过去，街巷空间变得愈加混乱和拥挤，雕塑作品乱堆乱放，客流也逐渐减少。设计团队在与村民充分讨论的基础上，将街道空间要素进行重构，重新规划石料店铺，设置专门的雕塑艺术品堆场；并设置公共休闲空间和临时停车场，为当地居民和游客提供便利，重新焕发了场地的空间活力（图4-2-20、图4-2-21）。

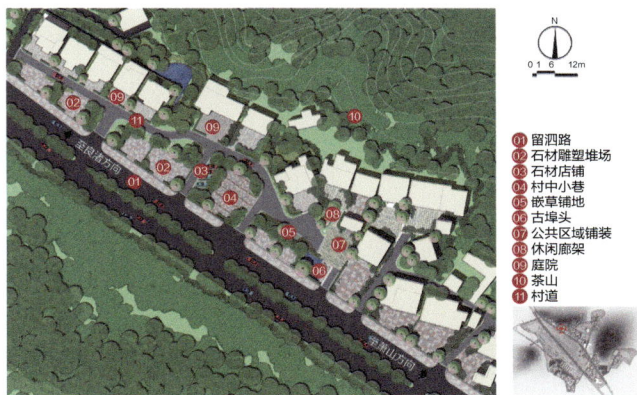

图4-2-20 留泗路雕塑艺术街平面图

图4-2-21 留泗路雕塑艺术街鸟瞰效果图

119

问1：在叶埠桥村村落景区的建设过程中，您印象最深刻或最有趣的事情是什么？

答1：我记得印象最深的一件事是叶埠桥公园中"古埠桥影"节点的设计。一开始，我们想利用锈钢板材料和镂空雕刻艺术，在桥边设置历史文化景墙，以烘托叶埠桥的文化氛围，引起游人的情感共鸣。后来再次进行场地调研时，与当地居民多次交流、沟通，收集到一些废弃的石磨盘，很有本土的民俗特色，但不知道放置在哪里合适。走到叶埠桥时，发现周围的铺装、河道护栏都是石材。灵机一动，决定用废弃的石磨盘做标识景墙，取代原来的锈钢板；此做法与周围环境更加贴切，也减少了施工量和材料预算。村民看到老旧物件焕然一新，感觉十分亲切，因此也常常驻足停留。

问2：您觉得村落景区建设是否要让当地居民参与进来，与他们一同商讨方案和实施？

答2：当地居民作为村落景区建设最直接的利益相关者，他们的意见对于设计师来说非常的宝贵。随着各方力量入驻乡村，景观设计师角色弱化是必然趋势。村落景区建设最主要的力量就是当地的村民，对村落环境最了解、使用最多的也是他们。通过各种方式让村民参与进来，不仅有利于建设工作的顺利实施，对村民就业、增加经济收入也有一定的帮助。对于景观设计而言，我们的目标就是创造更好的人居环境，更应该倾听大众的声音。

问3：您觉得村落景区相较于美丽乡村建设而言，有什么突出优势呢？

答3：村落景区是在浙江省"千万工程"的成功实施下提出的新型乡村与景区结合的发展模式，而美丽乡村概念的最早提出也是在浙江省安吉县出台的《建设"中国美丽乡村"行动纲要》中，这两种模式都是浙江省对乡村发展的积极探索。美丽乡村的建设目标是"生产发展、生活宽裕、乡风文明、村容整洁、管理民主"，主要是村落的环境整治和提升。而村落景区建设对乡村环境的要求更高，以旅游业为主、农业及其他产业为辅，产业优势更加明显；同时，村落景区往往与周边其他景区资源具有一定的联动和辐射效应，能带动整个地区的发展，将资源的利用、开发最大化。

4.3.1 环农业状聚落

1．区位概况

清凉峰镇地处临安市西部，西接安徽省歙县，南接淳安县，距黄山仅70km。杭瑞高速、S102贯穿全镇，交通十分便捷。忠孝文化村落景区是由杨溪村、新峰村两大行政村内的主要村落聚集区和部分山体组成，规划范围约2.4km²。规划建设以杨溪村的义干村和新峰村的沙干村为核心景区（图4-3-1）。

景区位于清凉峰镇西2km，距离临安市区车程约1h。景区外围同时通过高速、省道、乡道和村道与外界联系沟通。如杭瑞高速东西分别通过颊口和白果两处与景区连通；同时，S102穿过景区，五绍线和侯龙线与景区东西两个村落联系，交通便捷，可达性高。

2．自然资源

清凉峰镇的气候温暖湿润，属亚热带季风气候。地形以低山丘陵为主，四周山体连绵，中部为狭小的河谷平原。区内土壤肥沃，适宜各类农作物生长（图4-3-2）。

忠孝文化村落景区，与周边地级市均有较为适宜的距离，这为后期开展村庄旅游奠定了客源优势。忠孝文化村落景区周边自然环境本底较好，自然资源丰富，群山环绕，山间林木葱郁；场地肌理清晰，以田园、村

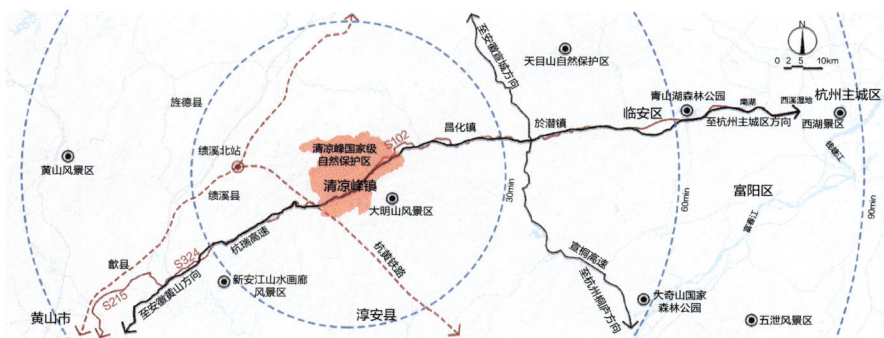

图4-3-1 清凉峰镇区位图

落、山林、坡地为主。杨溪从东西方向贯穿景区,村落北靠大明山,南临杨溪,风水极佳。

3.历史文化资源

景区内人文资源丰富,杨溪村的忠孝文化是浙西地区忠孝文化的集中体现,有孝子祠、郎氏宗祠、韩世忠墓、五圣桥、翁家祠堂、步舞坊、尚义坊、双桂坊等遗迹。崇文尚德、忠孝节义是整个景区的精神内核。

现状景区内保存完好的清代建筑较多,特别是一些传统的三合院、四合院等民居;如义干村大量传统建筑集中连片分布,整体风貌协调统一,建筑整体和细部均保存较好,且大部分原住村民仍正常生活于此。村庄的街巷空间骨架呈"井"字形,村落内仍保存有较多古井。新峰村至今仍保留了十余座天井房,面积合计约4000m²,其中还有较多的石板屋。

图4-3-2 乡村自然风情

在手工艺方面,草制品和竹制品编织工艺源远流长,手艺代代相传。通过前期的村庄建设,如墙绘宣传、忠孝学堂教育、传统农耕器具展览等方式,对传统工艺加以继承和发扬。

4.产业资源

在农业产业方面,村落内农田资源丰富,耕地面积约1.5km²,呈块状分布。但大多为传统农业生产,以粮食作物和经济作物种植为主,包括水稻、玉米、大豆、小麦、油菜、红薯、花生等,主要用途为满足日常生活需要(图4-3-3)。

图4-3-3 农田大棚

图4-3-4 文化学堂

在文旅产业方面，该地区长期以来忠孝文化氛围浓厚，既有非物质性的历史传说、人物故事、村规民约、家风家训等，也有物质性的宗祠庙堂、牌坊碑墓、古建古宅等。这些文化基础在一定程度上提高了区域内的乡风文明建设（图4-3-4）。

4.3.2 资源分散与特色缺失

打造忠孝文化村落景区的首要任务是总结前一阶段村落建设中存在的问题，以及思考如何将当地的特色忠孝文化融入景观和产业中。经过前期的调研考察，发现村落主要存在以下几点问题（图4-3-5）。

1. 景观结构单一

忠孝文化村落景区以单一的农田、道路景观和山脉等自然景观为基底，虽然可以体现乡村的简单质朴之美。但从发展乡村旅游的视角来看，景观结构就显得过于单一，景观产品也十分简陋，缺乏一定的设计感。未能充分挖掘区域内农田、水体资源的美学价值，没有结合村庄特色的旅游产品，使得整个场地人气不足。同时，由于缺少开发与建设，没有形成具有吸引力和代表性的核心景观产品，景点较为分散且质量参差不齐，整体环境凌乱，缺少梳理。

图4-3-5 忠孝文化村落景区建设前面貌

2. 资源利用率低

村落虽拥有丰富的农业资源，但大多以小规模生产为主，缺少统一规划。从土地利用模式来看，没有置换土地生产模式，盘活土地资源，实现土地的有效流转。没有激活农村集体经济资产，将其与资本、人才、技术等要素充分结合；未能实现农业供给侧结构的改革，引导产业结构调整，促进三产融合发展，从而无法提高农业生产率、农产品质量，促进村民增收，最终实现乡村振兴。从产品开发来看，农业资源未能够充分开发利用，没有形成农业品牌；没有将农业与其他要素结合形成"农业+"模式，以构建完整的农业产业体系，如加工业、观光旅游业、科技研发等，因此无法达到延长产业链，提升价值链的目标。

3. 村落特色缺失

在文旅产业方面，村落里最大的问题是开发程度不够充分，没有与旅游产品结合，缺少相应的表达途径和经济载体。从文化开发途径来看，现如今忠孝文化的弘扬也只是停留在文物的整体性和原真性保护，没有开发出更多形式的弘扬途径，例如修旧如旧、功能置换、有机更新、内部激活等。也未能将其作为资源要素，开发相应的产品；或者与其他要素融合，实现资源共享、相互促进。从产品品牌和体系来看，区域内旅游产品体系较为简单，吃、住、行、游、购、娱等旅游产品基本缺失。没有充分结合场地的忠孝文化以及田园资源确定主题定位，将旅游产品体系分类、分级，确定其核心产品、主要产品以及辅助产品，从而打造与之匹配的文旅产品。

总的来说，村落虽主打忠孝文化，但实际能够带来经济效益的落地载体还不够；其他产业虽然基底较好，也未能开发出相应的旅游产品。因此，项目的重点是将产业与忠孝文化有机结合，以便资源共享，相互促进开发。

图4-3-6 杨溪村鸟瞰图

图4-3-7 新峰村鸟瞰图

4.3.3 乡村传统文化空间重塑

规划团队根据忠孝文化村落景区的实际情况、市场需求和客源分析，提出"浙西忠孝文化第一村"和"浙西浪漫色彩第一村"两大村落主题定位。"浙西忠孝文化第一村"，即利用杨溪村内丰富的忠孝文化资源，对其进行合理的保护与开发，针对不同种类资源挖掘多样的文化表现渠道，形成多样的文化产品。"浙西浪漫色彩第一村"，即利用新峰村内丰富的农田肌理和成熟的玫瑰产业，形成农业产业链，同时配合休闲观光、旅游度假、科普教育、亲子体验等活动项目，打造浪漫田园风光（图4-3-6~图4-3-8）。

团队的总体规划结构为"一轴、二片区、四游线"（图4-3-9）。每条主题游线针对不同游览人群，情侣、老年人、家庭出游、文艺青年等都可以找到适合自己的游线。

所谓"一轴"即以区域内滨水绿道为生态绿轴，在不影响水利泄洪要求的前提下，设置观景平台和亲水平台，加强滨水景观的打造。通过临水绿道串联沿线分布的景观堰坝与滨河景观平台，以整饬、提

图4-3-8 规划总平面图

升、美化等手段打造靓丽的滨河景观线。

"二片"是浪漫时尚片区和忠孝传承片区。前者的规划主题定位是"浙西浪漫色彩第一村"，是以清凉峰田园综合体内新峰村为对象，根据地理位置、气候条件、特色资源以及人群消费需求，利用区域内丰富的农田肌理和成熟的玫瑰产业，形成农业产业链；同时，配合休闲观光、旅游度假、科普教育、亲子体验等活动项目，打造浪漫的田园风光。后者的规划主题定位是"浙西忠孝文化主题第一村"，是以清凉峰田园综合体内杨溪村为对象，根据文化资源、文化特色、开发程度、开发途径以及游客诉求，利用规划区内丰富的忠孝文化底蕴，针对不同人群，形成多样旅游产品，给予游客多样化的游览体验。

"四游线"为忠孝主题线、康体乐活线、花田喜事线、文创艺术线。忠孝主题线以原址保护、整体保护为原则，在修缮的基础上，以忠孝为魂，对孝子祠、郎氏祠堂、韩世忠墓等资源进行游线组织；同时，对周边环境加以整饬提升，纳入特色餐饮、主题民宿、零售出租等旅游配套服务设施，营造具有文化氛围和意境的景观环境。此外，定期开展具有参与性和互动性的文化展览活动，以展现建筑所承载的深厚历史（图4-3-10）。

康体乐活线依托乡土建筑聚落和山坞田园，充分利用区域内肌理完整、开阔平整的农田资源，以各类手工作坊为切入点，传承和发扬手工制作技艺，策划和组织传统节庆活动。让游客在游憩的同时，感受乡土文化熏陶，包括手艺作坊、体验工坊、土特产品售卖、庙会祭演等（图4-3-11）。

花田喜事线依托新兴的玫瑰生产基地，结合村庄风貌

图4-3-9 景观总体规划布局

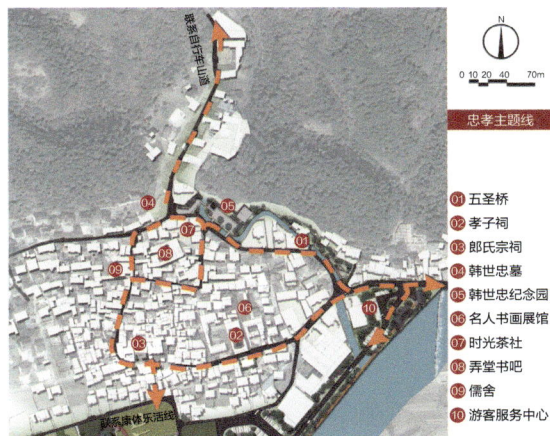

图4-3-10 忠孝主题线

图4-3-11 康体乐活线

康体乐活线
01 艺术田园
02 麦田运动会
03 农耕体验园
04 蜗牛绿乐园
05 农夫果园
06 集装箱集市
07 麦田婚礼
08 麦田艺术节
09 好兆头
10 趣味鱼虾塘
11 麦大美田园

图4-3-12 花田喜事线

花田喜事线
01 花田婚庆园
02 花间影院
03 风车草坪
04 玫瑰里
05 情人坡
06 音乐巷子
07 花车主题营地
08 彩虹街道
09 花田音乐节
10 花田灯光秀
11 袖香
12 游客服务中心

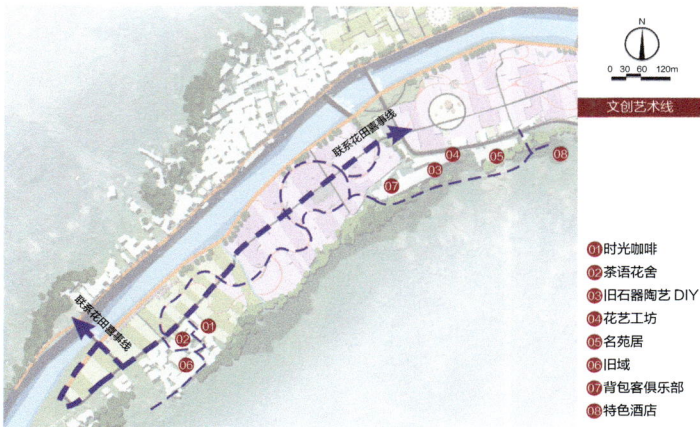

图4-3-13 文创艺术线

文创艺术线
01 时光咖啡
02 茶语花舍
03 旧石器陶艺DIY
04 花艺工坊
05 名苑居
06 旧域
07 背包客俱乐部
08 特色酒店

打造、发展玫瑰产业和休闲度假产业。设置各种类型的服务和设施，在整体浪漫的基调氛围中植入具有时尚和浪漫情调的项目和活动，包括玫瑰展示和售卖、玫瑰工坊、婚纱摄影基地、汽车营地、露营基地、文创基地等（图4-3-12）。

文创艺术线对传统合院民居、石屋、厂房等，采取功能置换策略，引入文创类业态。通过招商、自营、租赁、回购等手段，打造集多种业态于一体的休闲体验空间，包括主题民宿、文化餐饮、主题茶吧、老街书局、咖啡吧、企业会馆等（图4-3-13）。

4.3.4　忠孝千年与浪漫田园

团队以忠孝文化和农耕文化为主题定位，开发相应的旅游产品；并依据不同年龄阶层和不同旅游资源，形成不同的旅游线路，分为农业体验线、山地骑行线、忠孝文化线、休闲文旅线。农业体验线以农业资源为基础，设置多种农业体验项目，包括果蔬采摘、挖红薯、钓鱼、摸扇贝、采甘蔗、种水稻等。山地骑行线以场地内山地、林地、农田、花田为观赏资源，顺着其脉络肌理设置绿道、骑行道，使人们感受到自然山林风光。忠孝文化线是以忠孝文化为脉络，包括忠孝文化礼堂、祠堂、体验学堂等。休闲文旅线是通过招商、自营等手段，植入文旅产业，将古民居改造设计为书屋、茶吧、咖啡屋、手工作坊等。利用这些旅游产品吸引客流，展现浙西乡村的忠孝文化和浪漫的田园生活。

在具体的农业文化景观设计上，规划充分尊重场地山、林、田、湖的基本条件，并充分利用其景观肌理，最少干预原生态景观，实现生态维育，展现原汁原味的乡村田园风味。整个景观设计和表现的过程中，都以田园风光为基调，以田园农业为物质基础，以农耕文化为内核，通过保留延续和设计改造两种手法予以表现。

1. 田园农业

对于传统农业来说，新峰村和杨溪村境内分布大面积农田，且分布集中、完整度较高。农田大多沿着道路、河流、山地分布，围绕在村民聚居地四周。村民根据节气变化种植适宜的农作物，陆地耕种，整体上呈现大块分隔且具有视觉冲击力的片状农田景观。夏季种植水稻、玉米、大豆等；秋季种植晚稻、当季蔬菜等；冬季农田休养生息。该区域整体相对统一，农民自由种植作物，满足日常生活需要。种植目的较为单纯，方式也较为传统。农田、果园、山林等都形成了具有乡村田园气息的大地景观（图4-3-14）。为了提高农作物种植质量和效率，对其地形坡度、竖向和田埂进行一系列调整设计，使其趋于生态化和合理化。

对于产业农业来说，引入玫瑰产业，以玫瑰为依托，建设"玫瑰小镇"。依托54hm²新兴的玫瑰生产基地，发展玫瑰产业和休闲度假产业，开创农产品品牌。通过玫瑰花海开设玫瑰花展，研发多品种玫瑰，发挥其观赏效益；并将玫瑰投入食用和制作玫瑰精油、摆件、书签等衍生产品，扩大产业链。

在休闲农业方面，忠孝文化村落景区利用区域内大面积农田，在保留原有

图4-3-14 田园风光

农田肌理的基础上，打造成片的麦田景观和花田景观。麦田景观在农业景观的基础上引入休闲旅游业态，设置了景观栈道、婚礼屋、观光热气球等休闲观光设施。花田景观在区域内油菜花田和玫瑰花田的基础上，融入其他观赏性花卉作为点缀。除此之外，花田景观还设置了部分景观小品和景观节点，以增加其观赏性和趣味性。例如花田风车，不仅点缀了花田景观，还为游客提供登高远眺、纳凉避暑的休闲空间。植物迷宫和儿童乐园，为孩童嬉戏玩耍提供了多样空间。除旅游观光外，在农业景观营造的过程中，对部分农田进行开发利用，种植西瓜、草莓、花生、甘蔗等时令蔬菜和水果；同时，利用鱼塘、山林、水田等为游客提供观赏、采摘或夏令营、科普教育等活动。待到收获季节，丰收的农田景观不仅呈现乡村纯朴的田园风光，使人们呼吸到新鲜空气，释放内心压力；同时，在果蔬采摘、科普教育等活动的过程中，人们还能获得农作物种植和节气的相关知识。

2. 田园交通

村落景区依据4条主题游线和1条滨水绿道形成4条环状闭合道路和1条带状道路。4条环状闭合道路在依循现状农业肌理的条件下，根据资源分类形成忠孝主题线、康体乐活线、花田喜事线、文创艺术线四大主题。忠孝主题线利用杨溪村内的交通主干道组织游线交通，串联孝子祠、郎氏祠堂、韩世忠墓等忠孝文化资源。杨溪村作为景区的主入口之一，村口设置游客集散中心，承担游客停车、换乘等功能。此外以杨溪为媒介，利用现状堤坝为基础，沿溪设置绿道，作为整个景区的主干道，串联景区的东西部。康体乐活线的交通在利用了田间小路、沿溪小道的基础上，设计了田间景观栈道，以满足游人田间漫步的需求；并在场地的北侧规划了生态停车场，以解决后期游客众多带来的泊车问题。花田喜事线通过设计特色游步道串联玫瑰花田和周边节点，结合村庄风貌打造形成玫瑰观光带。文创艺术线紧邻花田喜事线，打造文旅体验带。此外，4条环状道路串联起村落的支路和生产性道路等。在道路建设的过程中清除杂物，修补破损道路，提升其景观价值；并通过乡土植物配置对其进行绿化美化。利用旧石磨、石臼等乡土材料增设道路节点，增加游览的乡土趣味性（图4-3-15）。

图4-3-15 农田景观

3．田园小品

村落景区的装饰小品造型丰富，设计手法和材料选择也各不相同。主要设计手法有具象模拟、情景模拟、涂鸦彩绘等：①具象模拟型。杨溪村农耕体验区中有多处动物雕塑小品，动物形象包括青蛙、鹅、昆虫等，为农耕文化体验区增加趣味性。材料上，利用钢丝缠绕捆绑成动物形体骨架，外层贴人工草皮；通过绿植修剪，可以从远处看出造型效果；形体骨架外面也可缠绕稻草。②情景模拟型。农耕体验区外侧有一处农夫赶牛农耕的场景雕塑，农夫利用几何形木头拼搭，外饰油漆。耕牛以钢丝为骨架，外面用稻草缠绕成型；整个雕塑通过抽象模拟的形式，再现田园农耕场景，颇有意趣。③涂鸦彩绘型。休闲农业区中有多处彩绘石，这些彩绘石原本造型各异，远看恍若各色动物或卧或坐。石头原本的造型加上动物涂鸦后，这些千姿百态的石头立刻形象生动起来，形成一只只生动的田园动物或一幅幅有趣的田园画面。或是直接利用毛石墙面作画布进行创作，通过彩绘使其具有乡村农耕文化的美学价值（图4-3-16~图4-3-18）。

图4-3-16 具象模拟

图4-3-17 情景模拟

图4-3-18 涂鸦彩绘

图4-3-19 墙绘

为了修饰破损老旧墙面或不美观的电线杆，设计也多采用涂鸦饰面，画面内容丰富。除此之外，清凉峰拥有深厚的忠孝历史文化底蕴，设计也多在墙面以墙绘形式宣传忠孝方面的内容，包括弟子规、三字经、孝子斗龙生平故事以及邵氏娘娘画像（图4-3-19）。以白墙为底，以线描为绘画手段，体现素雅简练的绘画风格的同时，又宣传了乡风文化。

4．田园建筑

规划场地两个村落具有深厚的历史文化，村内有多处遗留的祠堂和旧式建筑；这些祠堂和旧式建筑蕴含丰富的家族家训、民风民情、时代精神，是乡村文化物质化的载体（图4-3-20、图4-3-21）。规划设计依照"修旧如旧"的原则修补保留其建筑风格，还原其历史样貌；同时，规划设计赋予其新的功能与时代内涵，将其改造为文化礼堂，用于乡风文明建设。

在维护老建筑之外，新峰村通过招商、自营等手段，植入文旅产业，实行有机更新、功能置换。配合新峰村玫瑰花田打造精品民宿和休闲观光会所，如书屋茶吧、咖啡屋、手工作坊等，使原本败落的民居民宅彻底活化，打造集多种业态于一体的文旅休闲空间（图4-3-22、图4-3-23）。同时，对其内部和周边公共空间、配套设施等加以完善。

在农业观光区域的农耕体验园，主体建筑则采用毛竹、红砖等传统元素砌筑，具有浓厚的乡土韵味（图4-3-24、图4-3-25）。颜色搭配上以红、黄、绿三种颜色为主，具有一定的视觉冲击力和吸引力，起到一定的指示效果和地标作用。形式上通过毛竹、红砖、

图4-3-20 孝子祠

图4-3-21 旧式建筑

图4-3-22 休闲吧

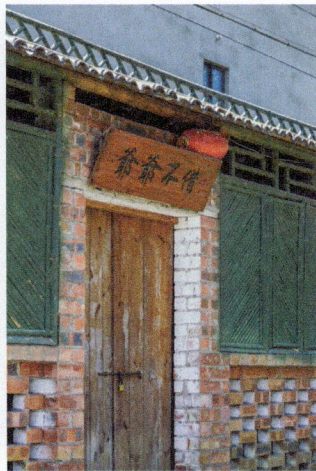
图4-3-23 手工作坊

图4-3-24 农耕体验园（一）

图4-3-25 农耕体验园（二）

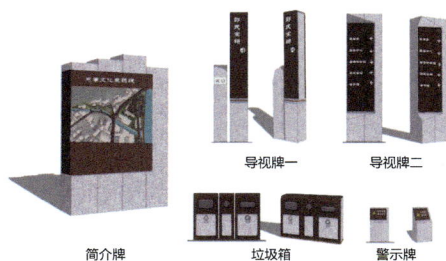

图4-3-26 忠孝文化主题导览标识

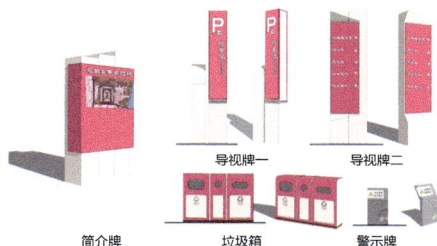

图4-3-27 浪漫田园主题导览标识

木头等乡土元素，融入江南园林典型的飞檐翘角特征，使得建筑兼具纯朴的乡土气息与轻巧的江南韵味；同时，运用乡土元素红灯笼进行点缀，营造出乡土符号强烈、场所感浓厚的建筑景观。

5．田园设施

村落景区内各种类型的设施皆按照景区标准建设，满足其数量与使用功能。简介牌、导视牌和警示牌的设计在满足使用功能的前提下，皆融入场地文化进行设计。设计中分别采用两种风格，一种风格对应"忠孝文化"主题，一种风格对应"浪漫田园"主题。忠孝文化主题的导览设施采用石材与耐候钢板的组合，色彩与质地均显厚重，以凸显文化历史的厚重感（图4-3-26）；浪漫田园主题的导览设施结合玫瑰产业，选取玫瑰粉为基调色彩，突出其活泼浪漫的气息，同时也与绿道色彩相辅相成（图4-3-27）。

忠孝文化村落景区采用的是田园综合体发展模式，这种模式为乡村发展提供了有利的途径，可以有效激活乡村自然资源的价值，提高乡村人居环境质量，带动乡村经济发展，加强城乡之间的紧密联系，加快城乡一体化进程。

✎　设计师问答

问1：在设计中，您是怎样将忠孝文化融入景观里的？

答1：景观本质上就是文化的空间载体，是文化的展现舞台。如何将文化融入景观，就是如何让人们在这个空间体会到文化带来的感受。这个感受不仅是视觉上的，更是心灵上的。如果能让人从内心深处与景产生共鸣，那么这个文化融入必然是成功的。

这个村落最主要的文化就是忠孝，因此在规划设计中，忠孝文化一直是贯穿始终的主题。首先在规划上就是以忠孝主题线为一大故事线，以忠孝节点为主景串联起整个游线；其次在设计上，先保留大部分忠孝文化节点，基于古建筑的原有形制修复古建筑和古园林，以体现原有的场所精神。虽然现在很多习俗活动逐渐被人遗忘，但当村民或游人处于这个空间，能想象古人的生活场景、活动盛况，从而达到与古人对话的境界时，这个景观空间就已经完成了主要使命——共情。另外，我们团队也在逐步引导村落恢复部分习俗活动，丰富村民的精神文化生活，传承优秀的传统文化，加强文化空间的使用率，使其不只是展示空间。以此为基础，再引入浓缩忠孝文化的视觉符号。视觉是传播的重要形式，通过视觉的不断冲击，使游人一次次地加深场地印象。

问2：在如今本土文化日渐式微的情况下，应该如何恢复乡村的凝聚力？

答2：时代一直在前行，在时代的发展中，人们的需求也在不断地发生改变，因此传统的东西势必会出现不符合现代的情景。现代文明似乎以一种摧枯拉朽的力量吞噬着传统，割裂我们和传统相连的脐带。因此，乡村在逐渐落寞，乡村的本土文化也受到冲击，失去了活力。保护本土文化、恢复凝聚力并不是要把传统文化整个恢复保留下来；而是使其适应时代，在新时代中传承。也就是说，传承的不只是一种形式，而是一种精神。其实这种精神一直都存在于人们的潜意识里，刻在中华民族的基因里。设计师所要做的只是用一种载体，将这种精神唤醒，使乡村的凝聚力得以恢复。

1. 区位概况

天目山村落景区位于杭州临安市西部天目山镇境内，属于景区边缘型村落景区，距杭州约78km，开车需2h；距离黄山风景区约130km；距离杭瑞高速藻溪互通约5km。天目山灵山福地精品线贯穿村落景区全境。为满足游客的交通需要，境内各自然村公交便利、村村互通，方便了游客换乘；且临安区近年大力实施乡村美丽公路建设，加强了与周边村落景区的联动作用，为全域乡村振兴建设奠定了基础（图4-4-1）。

村落依托天目山4A级风景区核心资源，由4个各具特色的行政村联动组合而成，分别是天目村、月亮桥村、徐村以及白鹤村。村落景区规划总面积约为2240.8hm²。其中天目村村域面积约617.8hm²，是浙江省最早开展乡村旅游的村落。截至目前，村内现有农家乐80家，精品民宿1家。村内自然资源丰富，人文历史悠久，具有一定的乡村旅游基础；但村落布局紧凑，发展空间较小。月亮桥村村域面积约523hm²，现状产业发展较为完善，具有农家乐17家，精品民宿6家，以发展高端民宿业以及漂流体验为主。白鹤村村域面积约为560hm²，目前主要以一二产为村域产业，三产较为薄弱；但其建设用地较多，地理位置较为优越，未来三产的发展潜力更大。徐村村村域面积约为540hm²，现有发展较完善的果蔬采摘业——葡萄采摘观光园160亩，水果种植园

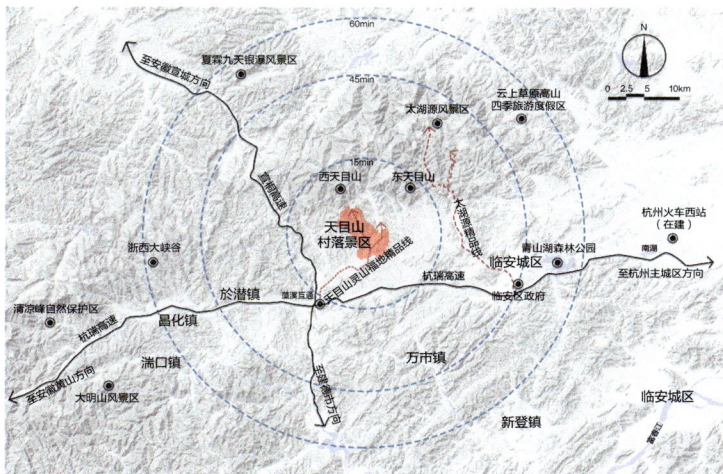

图4-4-1 天目山村落景区区位图

690亩，均已形成一定的规模。

2．自然资源

天目山村落景区位于亚热带季风区，常年气候温和，四季分明，雨水充沛，光照充足。村落内植被良好，有较大的天然次生植被，其中阔叶林植被最多，约占山林面积的80%，森林覆盖率高达94.9%，生态基地保存较好。各村呈现"山—水—田（林）—居"的基本生态格局。景区地处天目山脉，四周地形起伏，地形变化较为复杂；地表结构以中山、深谷、丘陵、宽谷及小型山间盆地为特色，山体植被丰富，能够根据地形的不同，发展不一样的旅游项目。天目山主要有4条水系从规划区域内穿过，分别是正清溪、双清溪、东关溪和天目溪；并有4个大小不一的农村水塘，可以满足基地内现代农业发展的需要，并为景区的景观打造提供多样的条件。基地内林田面积较少，主要沿着水系分布在各村山脚处，与交通干道、水系紧密结合，是景区主要的发展用地（图4-4-2）。

在规划区域内，各村庄具有较优良的山水环境与较好的村容村貌。在村落景区建设前，已经过多轮美丽乡村建设，但距离村落景区的要求尚有一定的距离。

图4-4-2 乡村自然田园

3．历史文化资源

天目山村落景区历史人文底蕴深厚，各村落文化内涵与历史典故丰富多样，民俗活动保存传承较完整。天目山景区以三大文化为支撑：大树文化、红色文化、佛教文化（图4-4-3）。天目村以农家乐为依托，大力传承发展民俗活

图4-4-3 禅源寺

图4-4-4 农家乐

图4-4-5 月亮湾漂流

动，如杀年猪、打年糕、打麻糍等；月亮桥村有着较多的历史遗址与传说，如"月亮桥"传说，明空寺遗址、天目窑遗址等；白鹤村拥有亚新石器时代遗址，白鹤衔仙草解瘟疫、韦陀菩萨显灵等传说；徐村村有第二次世界大战时期的农民抗战事迹的红色文化。村落景区内不同村落的人文资源各具特色，为其规划发展奠定了良好的基础，但尚缺少足以引领村落发展的文化内核。因此，在村落景区的规划设计中须注意突出特色、打造品牌。

4．产业资源

近年来，临安把旅游业作为优先发展产业，为天目山村落景区的建设提供了良好的发展契机。临安是长三角独具魅力的山地度假休闲目的地。天目山村落景区的4个村落除了发展茶、山核桃、芦笋、各类苗木和水果等种植业外，在天目山风景区的带动下，有了一定的旅游产业基础。天目山景区依托大树文化、佛教文化和红色文化，大力发展观光旅游业。村落景区便依托旅游业发展农家乐和高端民宿，对天目山风景区产业进行补充（图4-4-4、图4-4-5）。

4.4.2　品味与主题的缺失

天目山村落景区旅游资源丰富，乡村旅游起步较早，已具有一定的知名度，客源初具规模；经历过前几期的美丽乡村建设后，已具备基本的旅游基础设施和公共服务设施。对4A级村落景区建设来说，已具有一定的前期优势。但不可否认的是，天目山村落景区还存在着不少问题（图4-4-6）。

1．产业结构不完善

目前景区的4个村落在天目山风景区的带动下已具备一定的产业基础，尤其是天目村的农家乐。但是总体而言，4个村子的产业开发深度不够，业态偏少，未能在农家乐的基础上升级，不能满足住宿游客的需要。这导致天目山风景区所带来的反馈效应一般，限制了村落经济的增长。此外，各村开发旅游项目时各自为战，导致信息交流不及时，产品出现同质化现象；资源共享率低，优势互补不足，未能形成可持续的产业链与完整的旅游产品体系。从而造成村落景区吸引力不足，未来发展走向不明朗。

图4-4-6 天目山村落景区建设前面貌

2．村落景区环境不协调

规划区域内各村庄具有良好的山水环境与村容村貌，但单体资源等级普遍不高，多为三级及以下，还面临着周边村落景区生态基地同质化竞争的问题。如自然基地形态单一，风貌处于传统自然状态。作为背景的山体生态林色调单一，水体保护有余，而开发不足，田园风貌较为传统；以传统作物为主要种植物，特色略显不足；新农村建筑质量参差不齐，风格不协调，有碍于构建景区风貌背景；公共活动空间利用率不高，面貌较差，亟须改造提升；旅游基础设施和服务设施不完善，区域功能板块不明确，村域空间布局不系统等。

3．文化氛围不浓郁

村落景区虽有着较为丰富的人文资源，但各村落并不重视乡村文化资源，也并未积极保护开发，导致各村目前发展的旅游产品与文化缺少关联；只有少数民宿注重乡土文化的挖掘，但也多局限于乡土材料的运用上。其次，不注重开展文化活动，尤其是在外来游客增多的情况下，村内不定期举行的文化活动不能满足村民与游客的精神文化需求。

4．治理基础较薄弱

天目山村落景区由4个行政村组成，各村虽行政界限分明，但基层治理体系还是以村两委组织基层自治的传统模式为主。就目前来看，日益增多的外来游客与当前治理体系的匹配度尚有差距；且各村都优先考虑本村村民的利益，而不是考虑景区的整体利益，整体治理效果不佳，且有碍于景区的发展。随着外来游客的增多，如何处理好与游客相关的事务也成为当前各村落亟待考虑的问题。

5．发展活力较不足

天目山村落景区目前发展活力不足体现在3个方面。首先，从事乡村旅游业的农户比例较少，且村落旅游产品单一，缺乏康体健身、文化体验、农事体验等业态；其次，各村落资源过于相似，提供的产品缺乏差异性，景区的可持续活力不足；最后，专业人才和品质服务不足，服务能力总体不强。当然不能忽视的一点是乡村的产业体系不够完善，导致乡村经济的发展水平不高，尚不足以保证赋闲劳动力就地就业，更别提外来专业人士的投入参与。

4.4.3 借力天目山、点亮天目山

规划以天目山的自然人文资源为吸引源，以美丽乡村建设成果和原有产业为基础，以"月文化"为情景故事线及乡村旅游发展主线，构筑以山水田园为特色的休闲度假项目体系。以月、夜、闲、养为品牌诉求，丰富乡村体验元素，完善休闲接待设施，实现村落景区化。将天目山村落定位为集农业休闲、度假娱乐、科普教育等功能于一体的临安市4A级村落景区及长三角区域知名的月主题乡村旅游目的地。

1. "借力天目山，点亮天目山"

规划团队针对目前4个村落的旅游开发现状，解决区域内的相互竞争，旅游资源开发效率不高，缺乏旅游主题贯穿全域等问题。综合统筹村域资源，明确村落景区文化核心，确立景区的品牌形象，提出天目山村落景区的总体发展战略——"借力天目山，点亮天目山"。

所谓"借力天目山"，即利用交通区位优势，以天目山的自然人文资源为吸引源，整合提升乡村环境，充分体现"月乡"特色，并与周边旅游项目形成差异化发展。同时，面向长三角大中城市市场，通过区域旅游产品的联合营销，构建区域性旅游目的地。"点亮天目山"，即山水开路，文化发力，树立旅游形象标杆。利用一系列"月元素"主题产品吸引各层次的客户群体，形成兼顾高端群体和大众群体的综合性产品体系，打造具有强大品牌张力和文化诉求的特色村落景区（图4-4-7）。

2. "天目月乡"品牌形象

景区品牌文化的独特性与唯一性是村落景区在众多乡村旅游目的地中突出重围的关键。规划团队采用"月元素"为文化主题，树立"天目月乡"的品牌形象（图4-4-8），其原因有三：一是，规划村域内月亮元素丰富，如月亮桥因月得名，月亮湾因其月形谷底而命名，月亮古桥形似弯月，而被人认为是天目山的路标；

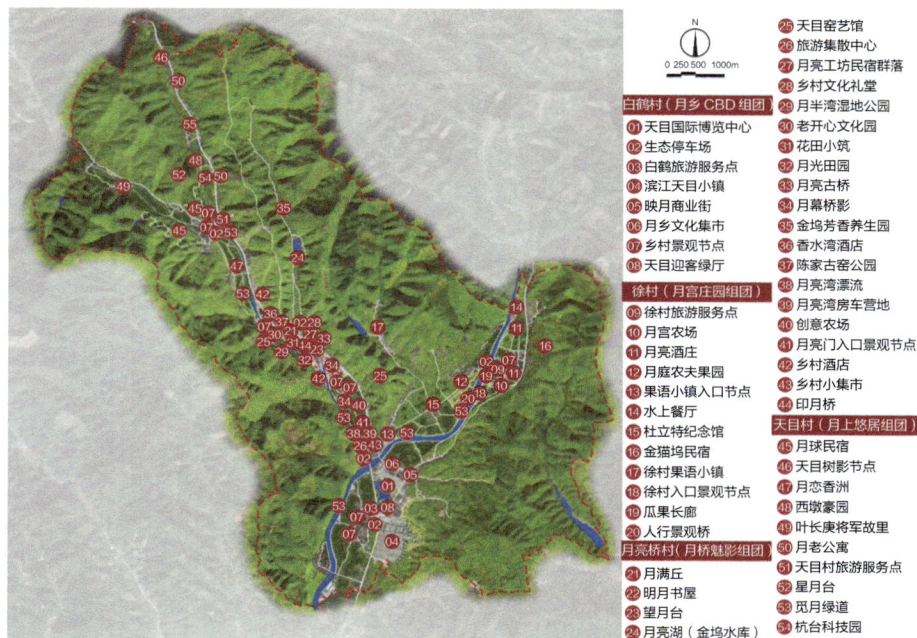

图4-4-7 天目山村落景区规划总平图

图4-4-8 天目山村落景区的月乡标志

二是，月光明亮而不耀目，其温润婉约的特点与天目山的气质相吻合，且天目山村落景区以乡村夜游为亮点，与天目山风景区的旅游资源互补；三是，"月元素"文化主题具有多元性和延展性，月文化与天目山以及村落景区资源组合化打造，能够创新演绎、构筑以月为核心的特色载体。

3．特色村域定位

在明确景区总体定位之后，团队依托场地地形地貌特征以及自然与人文景观特色进行景区布局，最大限度地整合同类相关旅游资源，形成主题形象鲜明的特色景区，并促使旅游服务综合体产生集聚效应。从而构建富于各村落特色的产业体系。

从天目村相对而言较为集中的农家乐出发，将其定位为野奢度假体验区。通过促使档次较低的农家乐转型升级，提升区域内民宿产业品质，发展野奢度假体验。强化旅游配套项目和设施建设，实现多个农家乐联结成片；最终建成具有影响力的新型农家乐度假板块，打造长三角乡村养生度假新标杆，写好景区内"住"的文章。

图4-4-9 月亮工坊

图4-4-10 草木心玫瑰园

月亮桥村为景区内月亮元素的聚集地，其以村内的精品民宿月亮工坊为核心区域，打造精品民宿群落（图4-4-9、图4-4-10）。因此，这一区块定位为品尚生活体验区。并通过对民俗活动的挖掘与传承，如举办各种乡村旅游节，定向培育村民对民俗活动的专项学习，为景区开展民俗体验活动奠定人才基础。村民在演示宣传民俗的同时，还能销售自制农产品，如米酒、豆腐、年糕等。以此为契机，寻找农副产品产业化的道路，延长乡村旅游产业链，增加收入渠道，写好景区内"游"的文章。

徐村村以其区域地势平坦、农业用地集中的优势，被定位为果蔬采摘游乐区。团队整合升级原有单一的葡萄采摘园，大力融入"家庭农场+水果产业加工+庄园式度假"的发展模式。首先，村集体将450亩土地打包给社会资本运营，引进杭州天目山药业有限公司，成立仙草小镇（图4-4-11），打造铁皮石斛生产旅游园区，提供符合组团主题的旅游活动。如此不仅能为村民带来土地分红，还能提供就业平台，如进入铁皮石斛产业园区工作，获得稳定的收入。其次，由于临安各村落景区的建设，除了景区内部的客流共享以外，相邻的耕织图村落景区也与徐村共享客源，实现全域村落景区的共同致富。大力推进景区"娱"的产业要素。

图4-4-11 仙草小镇

白鹤村原有产业较少，但其区位较好，聚集效应突出，是未来村落景区的门户空间。结合滨江天目小镇的建设，围绕乡村CBD的模式构建，以"旅游地产+文创商购"为开发模式，将该区块主题定位为"月乡CBD"，做好景区"行与购"的产业基础。

四大主题不一、主打产业不同的区域联动发展，以乡村旅游为出发点，构建集"住、行、游、娱、购"于一体的乡村旅游产业体系，达到区域一二三产联动发展。

4.4.4　"天目迎客"与"月乡风情"

作为景区依托型村落景区，规划前天目山村落景区与景区的标准尚有一段距离。针对这一问题，规划团队对村域内的自然生态、建筑风貌、景区交通、基础设施规划4个方面进行规划设计，优化提升村域内部的旅游环境。

1. 自然格局

规划根据"三线"控制自然生态格局。一是，规划景区范围内天目村、月亮桥村、白鹤村及徐村村周边山体保护"绿线"，保护生态本底，界定相对完整的山体界限，严格控制对山体的破坏行为。为满足发展需要，将部分山体的缓坡地带作为旅游活动空间或重要公共空间予以控制。在生态保护的基础上，适当增加色叶树种，如枫香、无患子、水杉等；对山体林相进行彩化，注重山体景观的艺术性表达。

二是，划定正清溪、双清溪、东关溪及天目溪水体的保护"蓝线"，严格控制对水体的侵占和破坏行为；并对溪流进行清淤，对驳岸进行生态化整治；针对生产或旅游项目的需要，进行适当的开发，如修筑堰坝蓄水，建设生态湿地公园等。

三是，划定景区范围内4个村落的农田保护范围，守住基本农田保护"红线"。针对目前各村基本农田的分布情况，有选择性地整合零散农田，通过土地流转集中进行现代农业或创意农业开发。主干道沿线的田园可通过一定政策，引导村民发展彩化农业；其他农田可通过保持传统农作方式不变，确保传统农业静态景观与动态景观的延续性（图4-4-12）。

2. 建筑风貌

对村落内的建筑风貌进行导控，村落规划范围内现有建筑多为独门独户且带有庭院的农居。而当前村民的生活需求尚高于精神需要，故庭院多存在临时搭建违章建筑的现象，导致庭院面貌不甚美观；且建筑风貌与村落景区整体风貌不甚协调。

图4-4-12 "三线"控制

团队按如下2个步骤对乡村建筑风貌进行改善、优化。一是,拆除庭院违章建筑,联合高校共同治理乡村庭院。由镇政府牵头,统计各村违建情况,采取强有力的措施拆除庭院违建。村落景区创建村区域内累计拆除违章建筑150余处,面积约26000m²,拆除"一户多宅"95处。拆后场地则以"政府补贴+户主自愿"为原则,打造沿线美丽庭院,通过与浙江农林大学园林学院合作举办"天目山村落景区美丽庭院竞赛",充分利用高校人才力量,根据一户一设计的原则,打造独具乡村特色且形式各异的美丽庭院。二是,利用乡土材料,改造建筑外立面风貌。村落规划范围内现有建筑与整体风貌冲突的地方需要逐步整治。挖掘调查村内传统建筑,统计分析村内建筑的风格基调,两者结合考虑,选择经济适用的外立面风格,辅以乡土材料,如块石、木材、旧瓦、青砖等,打造富有乡土气息的建筑风貌,为景区风貌建设助力(图4-4-13、图4-4-14)。

此外,通过对村内传统建筑的保护利用,团队植入多个文化项目,如天目山美术馆、酒坊等(图4-4-15、图4-4-16)。增

图4-4-13 乡土材料应用

图4-4-14 建筑立面改造

145

图4-4-15 天目山美术馆

图4-4-16 天目酒坊

加景区文化活动场地与文化氛围，并将之作为文化节点，纳入村落景区的文化空间中。天目山村落景区以月亮桥村综合大楼前文化广场为景区文化核心，各组团游客服务点为文化次级核心，利用村内集体空闲用地，打造文化景观节点。各组团内大体形成文化节点绕文化次级核心的格局，通过觅月绿道与村内道路，将文化核心与文化次级核心联系起来。文化景观节点打造紧扣"月亮"主题，利用乡土材料，如瓦片、块石、木材、老石板、钢材等，加以塑造，强化景区产品文化，塑造景区IP特征。

3. 景区交通

天目山村落景区交通规划以联动周边景区共同发展为基础，以景区功能分区为导向，以联系、贯穿景区各分区、景点为目标，从宏观、中观、微观3个维度进行交通组织规划。

在宏观层次的交通规划上，以原有交通为基础，结合周边东天目山风景区、西天目山风景区、耕织图村落景区、红叶指南村落景区等旅游资源，开辟多条联动周边景区发展的区域性游览线路。①大天目风情之旅：以藻天线与浪白线为基础，将东西天目山风景区与天目山村落景区串联，形成"东天目山—天目山村落景区—西天目山风景区"游线。②乐山悦水之旅：以S205、高后线、藻天线以及浪白线为基础，将太湖源风景区、青山湖国家森林公园、天目山风景区、天目山村落景区等景点串联，形成山水之旅，体验临安山水乡土风情。③村落景区之旅：以临安原"一廊十线"为基础，形成村落景区之间的互补差异游，体验不同类型村落景区的不同之处。

在中观层次，以原有过村主干道与村内道路为基础，打通村内原有断头路，将村内巷道与村内主次干道相连，形成主干道上串联多环线的中观交通体系；在各区域设置集中式停车场与分散式停车场，满足游客与村民的生活需要；与微观层次的慢行道串联，做好慢行道入口的交通组织。

微观层次的慢行道系统是村落景区游线体系的毛细血管，其将4个村的主要景点进行串联，将游客指引至景区的各景点。天目山村落景区规划的"觅月绿道"长17km，根据绿道基底的不同，可将之分为田园风光绿道、滨水休闲绿道、乡村道路绿道以及自然森林古道。其中，田园风光绿道2.4km，滨水休闲绿道9.7km，乡村道路绿道2.4km，自然森林古道3.5km。天目山村落景区以"三借"打造慢行系统：借田园之景，借山水之势，借乡土之情。慢行系统将村落景区四大组团紧密联系，形成全域游径体系，提升村民的生活福祉，加强游客的游览感受。绿道沿线设置绿道驿站4座，绿道休息点10座，自行车租赁点4个，一级服务点1个，二级服务点10个，标识点26处；其中绿道驿站与自行车租赁点附属在各区游客中心（图4-4-17~图4-4-19）。

4．基础设施

天目山村落景区基础设施部分从现状出发，满足各分区开展旅游活动的需要，主要进行了旅游服务中心、无害化公厕、标识系统等旅游基础设施的规划设计。其中游客驿站、自行车租赁点与绿道服务点部分与慢行系统统一规划设计，在此处不做赘述。

游客服务中心以月亮桥村为中心，设置村落景区游客中心；其余各组团分别设置旅游服务点位，满足各区服务游客的需要。公共厕所采用保

图4-4-17 绿道慢行系统规划

图4-4-18 月亮桥村"乾隆月巷"

图4-4-19 觅月绿道

图4-4-20 全景导览图

图4-4-21 指示牌

图4-4-22 休憩节点

留原有较好公厕、改造较差公厕、新建无害化公厕三类措施；其中保留2座，新建3座，改造3座，结合公建厕所5座，景区内共设置公共厕所13座，基本满足各组团游客需要。标识系统结合各路口与旅游景点布置（图4-4-20~图4-4-22），系统分为全景导览图、景点导览图、指示牌三级。其中全景导览图2个，分散布置在白鹤村游客服务点与月亮桥村游客中心；导览图14个，分布在各主要景点；指示牌72个，分布在各路口与小节点。此外，天目山村落景区的村民生活基础设施以景区统筹、组团内部各自深化的方式进行规划，村民生活基础设施主要包括生活给排水、生活电力、电信通信，以满足村民生活的基本需要。

除了对村落景区环境进行优化外，规划团队以月亮为载体，围绕"天目月乡"品牌名称，鼓励开展彰显天目山村落景区特色的民俗活动，丰富景区的人文旅游项目。通过对传统民俗的挖掘，开展乡村旅游活动，传承展示乡村民俗。通过策划举办"天目月乡过大年——年俗文化旅游节"等活动，将吃猪宴、做农家豆腐、制作糯米糖、酿乡村米酒、打麻糍、写春联、长桌宴等年俗活动聚集在旅游节上，统一展示地域风土人情。除此之外，"团圆月亮宴""月乡村晚""月乡灯会"等活动也将年味进行到底（图4-4-23、图4-4-24）。

此类活动具有三大特点：其一，紧扣景区月亮主题，特色鲜明，有吸引力与品牌塑造力；其二，民俗活动的游客参与度高，能让游客更好地体验乡情、乡味与乡俗；其三，活动持续时间长，种类多，给了游客更多的选择性，可满足不同层次游客的需要。

天目山村落景区，是根据乡村振兴导向下的村落景区规划策

图4-4-23 月亮桥夜景

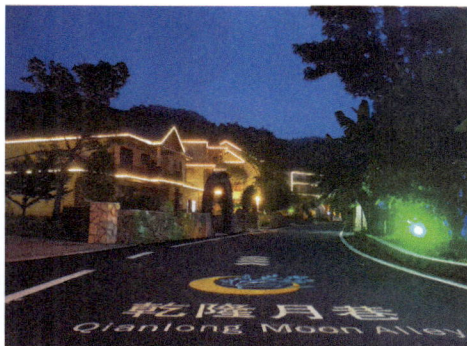

图4-4-24 月亮桥村夜景

略，针对杭州天目山村落景区的实际情况，从外部条件与内部资源环境要素分析天目山村落景区的现状特征，提出当前景区建设所存在的问题；并从景区品牌形象、村域产业体系、村域旅游环境改善、村域人文活动、景区治理模式以及村民致富增收等方面提出相应的规划策略，指导村落景区建设；以期达到景村共荣，以乡村旅游带动乡村振兴发展的最终目标。

设计师问答：

问1：天目山的文化众多，是怎样的契机让您想到利用"月元素"这一文化主题？

答1：初到天目山便听到当地人常说的一句话："到了月亮桥就到了天目山。"仔细了解场地后发现，月亮桥是通往天目山的必经之路；同时其地形犹如一钩弯月，在古时没有导航的情况下，独特的地形成为一个重要的路标，于是来了灵感。

天目山的文化资源丰富，不仅有佛教文化、大树文化等主要文化，还有众多传说和故事，体系颇为复杂。如何统筹当地文化，建立天目山新的文化体系，是在接到项目后亟须思考的一大难题；由月亮桥引出的月元素便是一个很好的统领。

问2：与高校合作进行村落的农户庭院改造这一模式效果不错，是否值得大力推广？

答2：近年来，无论是CBC国际高校建造大赛对乡村建设做出的实践，还是江苏省"推进高校引领和服务乡村文化振兴"的地方性政策。无不说明了这种模式对双方的益处颇多。其一，王向荣教授说"乡建不是设计师的个人舞台"，乡村庭院量大，要避免千篇一律的设计，仅靠设计师是不够的，通过跟高校合作，可以很好地解决这个问题；同时将高校人才引入乡村，成为乡村振兴和乡村文化传承创新的生力军。其二，对高校来说，这是一种新型的人才培养模式，是一次教学实践改革，培养多元化人才的新实践。

从后续的调研访问可知，90%的村民对这种活动都表示了赞同，相较于设计师来说，学生较好交流和沟通，甚至有些村户与学生一起动手打造；而学生则表示从这项活动中收获颇多。因此，这种模式是值得大力推广的。

问3：如何通过村落景区的建设，打造具有当地特色的品牌，激活乡村振兴的内生动力？

答3：乡村振兴需要各个方面统筹建设，村落景区提供了一种模式和平台。而激活乡村内生动力的主力还是当地村民，村民是乡村建设的主体。因此，村落景区也是在以村民为本的基础上进行景区建设。用当地产业与旅游相结合的办法，打造乡村特色品牌。通过这种办法更新乡村产业，提升村民的认同度和归属感。村民愿意留下，外面的人才愿意流入，自然就增加乡村活力，形成良性循环。

［1］ 徐斌，洪泉，唐慧超，李琳，林麒琦. 空间重构视角下的杭州市绕城村乡村振兴实践[J]. 中国园林，2018，34(05)：11-18.

［2］ 徐斌，周晓宇，刘雷. 大城市近郊乡村更新策略——以杭州西湖区绕城村为例[J]. 中国园林, 2018, 34(12)：63-67.

［3］ 王静，程丽敏，徐斌. 临安美丽乡村精品线建设[J]. 中国园林，2017，33(03)：87-91.

［4］ 范萍瑜，徐斌. 基于HHR策略的美丽乡村规划设计[J]. 西南林业大学学报(社会科学)，2017，1(06)：24-27.

［5］ 徐斌. 乡村景观实践之精品线路[M]. 北京：中国建筑工业出版社, 2019.

［6］ 郭焕成，韩非. 中国乡村旅游发展综述[J]. 地理科学进展，2010，29(12)：1597-1605.

［7］ 张树夫. 旅游心理学[M]. 北京：高等教育出版社，2001.

［8］ WILSON S. Factors for Success in Rural Tourism Development [J]. Journal of Travel Research，2001，40(2)：132-138.

［9］ 凌丽君. 美国乡村旅游发展研究[J]. 世界农业，2015，37(10)：60-63.

［10］ SHARPLEY R. Flagship Attractions and Sustainable Rural Tourism Development：The Case of the Alnwick Garden，England [J]. Journal of Sustainable Tourism，2007，15(2)：125-143.

［11］ RAUSCH A. Japanese Rural Revitalization：The Reality and Potential of Cultural Commodities as Local Brands [J]. Japanstudien，2009，20(1)：223-245.

［12］ 费孝通. 乡土中国[M]. 上海：上海人民出版社，2013.

［13］ 王敏娴，唐代剑. 乡村旅游未来发展趋势探讨[J]. 旅游学刊，2018，33(07)：13-16.

［14］ 梁漱溟. 乡村建设理论[M]. 上海：上海人民出版社，2011.

［15］ 扈万泰，王力国，舒沐晖. 城乡规划编制中的"三生空间"划定思考[J]. 城市规划，2016，40(05)：21-26+53.

［16］ CHIGBU U E. Village Renewal as an Instrument of Rural Development：Evidence from Weyarn，Germany [J]. Community Development，2012，43(2)：

209-224.

［17］樊亚明，刘慧．"景村融合"理念下的美丽乡村规划设计路径[J]．规划师，2016，32(4)：97-100.

［18］王宁．乡村振兴战略下乡村文化建设的现状及发展进路——基于浙江农村文化礼堂的实践探索[J]．湖北社会科学，2018，32(9)：46-52.

［19］翟向坤，郭凌．乡村旅游开发中乡村文化生态建设研究[J]．农业现代化研究，2016，37(4)：635-640.

［20］RODRIGUEZ C，FLORIDO C，JACOB M. Circular Economy Contributions to the Tourism Sector：A Critical Literature Review [J]. Sustainability，2020，12(11)：4338.

［21］金筱萍，陈珉希．乡村振兴视域下乡村文明的价值发现与重构[J]．农村经济，2018，36(7)：9-15.

［22］中共中央办公厅，国务院办公厅．中共中央 国务院关于实施乡村振兴战略的意见[N]．人民日报，2018-02-05.

［23］武启祥，韩林飞，朱连奇，等.江西婺源古村落空间布局探析[J]．规划师，2010，26(4)：84-89.

［24］祝捷，黄佩佩，蔡雪雄.法国、日本农村产业融合发展的启示与借鉴[J]．亚太经济，2017，34(05)：111-115.

［25］何得桂．中国美丽乡村建设驱动机制研究[J]．生态经济，2014，30(10)：113-117.

［26］郭凌．乡村旅游发展中的乡村治理研究[J]．农村经济，2008，26(6)：75-77.

［27］奥斯特罗姆．公共事务的治理之道[M]．上海：上海三联出版社，2000.

［28］徐文辉，唐立舟．美丽乡村规划建设"四宜"策略研究[J]．中国园林，2016，32(09)：20-23.

［29］陆林，任以胜，朱道才，等．乡村旅游引导乡村振兴的研究框架与展望[J]．地理研究，2019，38(01)：102-118.

［30］侯晓蕾，郭巍．场所与乡愁——风景园林视野中的乡土景观研究方法探析[J]．城市发展研究，2015，22(04)：80-85.

第6章

认知失调与保护自尊的需要

6.1 认知失调理论：保护自尊 — 解释认知失调理论及人们如何避免失调以维持正面的自我形象

6.2 认知失调理论的扩展与最新研究 — 描述认知失调理论的扩展与最新的研究进展

6.3 认知失调与自尊的总结 — 了解克服认知失调的方法及拥有高自尊的利弊

第7章

态度与态度的改变：影响思维与情绪

7.1 态度的本质与根源 — 描述态度的种类和基础

7.2 态度何时能预测行为 — 分析态度能够预测行为的条件

7.3 态度是如何改变的 — 解释内部因素和外部因素如何改变态度

7.4 广告的威力 — 描述广告如何改变人们的态度

7.5 抵抗说服性信息 — 确定抵抗说服性信息的策略

第8章

从众与服从：影响行为

8.1 从众行为：发生的时机与原因 — 解释从众的概念及它为何会发生

8.2 信息性社会影响：了解"正确"情况的需要 — 解释信息性社会影响如何促使人们从众

8.3 规范性社会影响：希望被接纳的需要 — 解释规范性社会影响如何促使人们从众

8.4 从众策略 — 描述人们如何利用有关社会影响的知识影响他人

8.5 服从权威 — 总结已经证明人们愿意服从权威人物的研究

第9章

团体过程：社会团体的影响

9.1 什么是团体 — 理解团体的概念及人们加入团体的原因

9.2 团体中的个体行为 — 描述当有其他人在场时个体的表现有哪些不同

9.3 团体决策：多人的决策一定优于个人的决策吗 — 比较单人决策与团体决策的结果，理解领导力在团体结果中的作用

9.4 冲突与合作 — 总结个人和团体冲突是加剧还是得到解决的决定因素

第10章

人际吸引：从第一印象到亲密关系

10.1 产生吸引力的原因 — 描述人们如何决定他们喜欢谁以及想更好地了解谁

10.2 在数字世界中建立联系 — 解释新技术如何塑造吸引力和社会联系

10.3 爱情与亲密关系 — 检验与不同类型的爱情相关的文化、人格和生物因素

10.4 评价关系：满意度与分手 — 分析衡量关系满意度的不同理论以及与分手有关的研究

第 11 章

亲社会行为：人们为什么帮助他人

11.1 亲社会行为的基本动机：人们为什么帮助他人 — 描述个体帮助他人的基本动机

11.2 个人品质与亲社会行为：为什么有些人更乐于助人 — 了解影响个体是否助人的个人品质

11.3 亲社会行为的情境因素：人们会在什么时候帮助他人 — 描述人们更可能或更不可能助人的情境

11.4 怎样增加助人行为 — 解释什么行为能促进亲社会行为

第 12 章

侵犯：人们为什么伤害他人

12.1 侵犯性是天生的、习得的还是可选择的 — 区分有关侵犯的进化学、文化及习得论解释

12.2 社会情境与侵犯性 — 描述侵犯行为的情境与社会原因

12.3 暴力与媒体 — 解释观看暴力画面如何导致侵犯行为

12.4 如何减少侵犯行为 — 了解减少侵犯行为的方法

第 13 章

偏见：成因、后果与消除

13.1 定义偏见 — 介绍偏见的三个组成部分

13.2 觉察看不见的偏见 — 解释如何测量人们不想暴露或自己意识不到的偏见

13.3 偏见对受害者的影响 — 描述偏见影响其目标的一些方式

13.4 偏见的成因 — 理解社会生活中可能引起偏见的三个方面

13.5 减少偏见 — 总结能够减少偏见的条件

第 14 章

实践中的社会心理学之一：利用社会心理学实现可持续的、幸福的未来

14.1 社会心理学的应用研究 — 将社会心理学原理应用于人们的生活

14.2 利用社会心理学实现可持续发展 — 理解社会心理学如何帮助人们以可持续的方式生活

14.3 幸福与可持续的生活方式 — 了解如何运用社会心理学让人们更幸福

第 15 章

实践中的社会心理学之二：社会心理学与健康

15.1 压力与人类健康 — 定义压力，描述压力对健康的影响

15.2 应对压力 — 解释人们在经历压力事件后如何应对和恢复

15.3 预防：促进更健康的行为 — 描述我们如何应用社会心理学过上更健康的生活

第 16 章

实践中的社会心理学之三：社会心理学与法律

16.1 目击者证词 — 理解心理学是如何看待目击者证词的

16.2 陪审团：团体判决过程 — 描述社会心理学如何帮助解释陪审团的判决过程

📝 第 1 章 社会心理学导论

什么是社会心理学

- 定义 —— 以发现人类行为的普遍规律为目标，研究人类的思想、情感与行为如何受其他人真实或想象的存在的影响的一种科学研究

- 社会心理学如何区别于与它最接近的学科
  - 解释行为的角度不同
    - 社会心理学 —— 采用进化心理学的方法用遗传因素解释社会行为
      - 从社会情境的力量如何塑造个人反应角度
    - 人格心理学 —— 通过个体的特质来解释行为
  - 研究对象不同
    - 社会心理学 —— 分析的是社会情境下的个体
    - 社会学 —— 关注的是社会分类组织下的群体、组织或社会

社会情境的力量

- 低估社会情境的力量 —— 社会和情境环境比人格特征更能决定个人行为
- 社会解读的重要性 —— 了解人们如何感知和解释社会性世界和他人行为

解读从何而来：人性的基本动机

- 两种基本的人类动机
  - 自尊取向：保持良好的自我感觉的需求
    - 认为自己是好的、有能力的、高尚的是大多数人都有的强烈需求
    - 人们常常扭曲真实世界来维护自己的自尊
  - 社会认知取向：对准确性的需求
    - 人们试着获取准确的理解，进而做出有效的判断和抉择
    - 人们常常依据不完全、不准确的解读信息采取行动

为什么学习社会心理学

- 对人类的社会行为着迷
- 为解决社会问题做出贡献

第 2 章 方法论：社会心理学家如何进行研究

社会心理学：一门实证科学

社会心理学的基本原则 — 通过科学的方法对社会影响进行研究

假说与理论的形成 — 研究者从以往的研究中提出新的解释，并设计实验去检验它

许多假设来自研究者对日常生活的观察

实验设计

① 观察法：描述社会行为

研究者系统地观察和记录人类行为的研究方法

形式
- 人种志：研究者试图从某个群体或文化内部对其进行观察和理解，并排除自己的任何预设观点
- 档案分析法：研究者通过查阅文献资料或档案去理解某个社会现象

② 相关法：预测社会行为

研究者系统地对两个或多个变量及它们之间的关系进行测量

通常用于分析调查的数据结果，其局限性是相关性并不等于因果关系

③ 实验法：解释因果关系

研究者将被试随机分配到不同自变量水平下的实验条件中，以此来确定因果关系的方法

实验变量
- 自变量：实验者操作的变量
- 因变量：实验者要测量的变量

实验要求
- 有较高的内部效度：不同实验条件间的区别只在于自变量水平的不同
- 提高外部效度：提高实验的真实性；对不同群体的被试进行重复实验

社会心理学研究的新领域

文化与社会心理学 — 跨文化研究要避免将从自己的文化中习得的固有观点和定义强加到新的文化中

社会神经科学 — 社会心理学家关注生物机制和社会行为之间的关系

社会心理学中的伦理问题

要遵守一系列行为准则

在研究机构中设置机构审查委员会
- 提前审核研究计划
- 让被试签署知情同意书
- 在实验结束后对被试进行事后解说

第 3 章 社会认知：我们如何思考社会性世界

自动化思维：低努力水平思维

- 什么是自动化思维 —— 一种无意识的、无意图的、自然发生的思维类型且不需要努力的思维方式
- 运用图式进行自动化思考 —— 运用已有的知识结构对新信息进行组织和解释
- 什么类型的图式更有可能被使用
  - 高可提取性的图式
  - 过去大量使用、与当前目标相关或者启动都可以通过增加经验进而增加图式的可提取性
- 自证预言 —— 对某个人的图式或期望会使此人的所作所为迎合我们的预期

自动化思维的类型

- 自动化目标追寻 —— 当目标相互矛盾时，人们常常按照最近启动的目标行事
- 关于身体和心智的自动化思维与比喻 —— 人们可以使用关于心智和身体的比喻来减少世界的模糊性
- 心理策略与捷径：判断启发式
  - 分类 —— 可得性启发式与代表性启发式
  - 意义 —— 帮助人们做出准确的判断，但如果人们使用不当，它们就会导致错误的判断结果

社会认知的文化差异

- 图式的文化决定因素 —— 文化影响图式内容
- 整体性思维与分析性思维
  - 在西方文化下长大的人：倾向于拥有分析性思维风格
  - 在东亚文化下长大的人：更偏好整体性思维风格

控制性社会认知：高努力水平思维

- 什么是控制性思维 —— 一种有意识的、有意图的、主动的且需要努力的思维类型
- 控制性思维与自由意志 —— 人们越相信自由意志，就越愿意帮助他人，从事不道德行为的可能性也更低
- 在心理上改变历史：反事实推理 —— 在心理上改变过去某些环节，以幻想事情可能有所不同
- 改进人类思维 —— 某些思维能力可以在训练下显著提高
- 沃森案例反思 —— 人类拥有惊人的认知能力，但是也会犯一些重要的错误

第 4 章 社会知觉：我们如何理解他人

非言语交流
- 表达情绪的面部表情 —— 全世界的人都能准确编码和解码6种主要的面部表情
- 文化与非言语交流的途径
  - 其他非言语交流包括眼睛的注视、个人空间、手势、语调
  - 不同文化有不同的表达规则

第一印象：迅速形成而持久存在
- 第一印象 —— 我们在几毫秒内依据他人的面部特征、所有物、服饰以及其他线索形成对他人的印象
- 第一印象产生的持久影响 —— 一形成就会发挥作用，并影响我们对后来获得信息的解释

因果归因：回答"为什么"的问题
- 归因过程的本质 —— 两种归因
  - 内部归因（个人特质所致）
  - 外部归因（环境所致）
- 共变模式：内部归因与外部归因 —— 共变模式的重点是在不同的时间、地点、人物和不同的行为目标等条件下对行为进行观察，并研究知觉者是如何在内部归因和外部归因之间进行选择的
- 基本归因错误：人人都是人格心理学家 —— 基本归因错误：相信行为与性格相一致的倾向性
- 自利归因 —— 人们对自己的成功进行内部归因，而对失败进行外部归因
- 偏差盲点 —— 我们认为其他人比我们自己更易犯归因偏差的错误

文化与社会知觉
- 整体性思维与分析性思维
  - 在个人主义文化中，人们更关注目标本身
  - 在集体主义文化中，人们更关注整个图景，包括情境，以及情境和目标之间的关系
- 基本归因错误中的文化差异 —— 集体主义文化中的个体对行为的情境诱因更敏感
- 文化与其他归因偏差 —— 自利归因和公平世界信念也存在文化差异

第 5 章 自我：在社会情境中理解我们自己

自我概念的起源与本质
- 发展
  - 18~24个月，自我认知开始发展
  - 青春期后，自我意识逐渐发展成一个全面的自我概念
  - 成年后，道德成为自我概念的核心
- 文化对自我概念的影响
  - 西方文化下的人倾向独立的自我观
  - 亚洲文化下的人倾向相互依存的自我观
- 自我的四个功能 — 自我认知、自我控制、印象管理、自尊

自我认知
- 通过内省认识自己 — 内省是我们试图了解自己的感受、动机和情绪的一种方式
- 通过观察自己的行为认识自己
  - 自我知觉理论 — 通过观察自己的行为和环境推测自己的态度和感觉
  - 情绪二因素理论 — 先体验生理唤醒，然后为这种唤醒寻找合适的解释
  - 两种思维模式
    - 固定型思维模式：认为能力是不会改变的
    - 成长型思维模式：认为能力是可以培养的
- 通过他人认识自己 — 我们的自我概念是由我们周围的人塑造的

自我控制：自我的执行功能
- 简单地相信意志力是一种无限的资源就可以帮助人们发挥更多的自制力

印象管理：世界是个大舞台
- 逢迎与自我妨碍
  - 逢迎：用赞美或奉承的方式获得他人的喜欢
  - 自我妨碍：人们制造困难并为自己寻找借口
- 文化、印象管理与自我提升 — 不同文化下的人都试图展示自己最好的一面

第 6 章 认知失调与保护自尊的需要

认知失调理论：保护自尊

- 认知失调的产生 —— 当人们的行为方式威胁到他们的自尊时
- 决策，决策，还是决策 —— 决策会引起失调，决策越持久、越不可撤销，就越需要减少失调
- 努力的合理化 —— 人们倾向于增加对他们努力获得的东西的喜爱程度
- 反态度辩护 —— 当人们的行为方式与他们的个人态度或信念背道而驰时
  - 如果有充足的外部合理化，那么人们的态度或信念就不会发生不一致和改变
  - 如果外部合理化不足以证明行为的合理性，那么人们就会诉诸内部合理化来减少认知失调
- 抵制诱惑 —— 通过不那么严厉的威胁，让人们不做对其具有诱惑力的事
- 伪善范式 —— 利用减少失调的需要来增加对社会有益的行为，是让人们正视自己言行差异的一种方法
- 认知失调的跨文化研究 —— 产生认知失调的内容，以及消除认知失调的过程和强度在不同文化中有所不同

认知失调理论的扩展与最新研究

- 自我肯定理论 —— 人们可以通过关注和肯定自己在一些与威胁无关的方面的能力来减少失调
- 自我评价维护理论 —— 通过改变影响人际关系的三个条件中的任何一个可以降低失调

认知失调与自尊的总结

- 克服失调 —— 我们要有意识地暂停自我辩解的过程，并反思我们的行为
- 自恋与过度自尊 —— 既能自我感觉良好，又能关心他人，避免自恋

第 7 章 态度与态度的改变：影响思维与情绪

态度的本质与根源
- 态度 —— 一个人对他人、事物、观点的持久性评价
- 态度从何而来 —— 大多数态度来自人们的经验
- 态度的两个层次 —— 外显态度与内隐态度

态度何时能预测行为
- 预测自发行为 —— 当态度相对可接近时，态度可以预测自发行为
- 预测有意行为 —— 受指向特定行为的态度、主观规范以及他们认为的自己对行为的控制程度这些因素的影响

态度是如何改变的
- 通过改变行为来改变态度：重新审视认知失调理论 —— 让人们参与到对反态度行为的辩护中，同时降低外部合理化
- 说服性沟通与态度的改变
  - 说服性沟通可以引发态度的改变
  - 说服性沟通的有效性取决于沟通者、信息本身和听众等方面
- 情绪与态度的改变 —— 情绪通过多种方式来影响态度的改变，情绪也可以作为启发法被用于判断个人态度
- 态度的改变与身体 —— 物理环境、身体姿势等在态度改变的过程中起着重要的作用

广告的威力
- 广告是如何发挥作用的
  - 对于以情感为基础的态度：广告通过情绪发挥作用
  - 对于以认知为基础的态度：广告通过事实发挥作用
  - 通过商品与个人的关联性发挥作用
- 阈下广告是一种精神控制吗 —— 在实验室环境中，阈下信息对人们的行为是有影响的
- 广告与文化 —— 广告和其他说服性沟通形式一样，只有人们根据其想改变的态度及目标受众的期望和思维方式进行设计，广告才能取得最佳效果

抵抗说服性信息
- 态度的预防免疫 —— 人们事先接触一小部分反对自己的观点的论据后，更容易抵抗他们之后听到的有说服力的论据
- 警惕植入式广告 —— 事先警告人们关于试图改变他们的态度的企图
- 抵抗同伴压力 —— 提前教导孩子如何抵抗同伴压力可以使他们在以后的生活中少受此压力的影响
- 当说服产生反作用时：抗拒理论 —— 当人们感到他们的选择受到限制时，会产生抗拒心理

第 8 章 从众与服从：影响行为

从众行为：发生的时机与原因
- 时机 —— 当人们由于他人的影响而改变自己的行为时
- 两个原因 —— 信息性社会影响与规范性社会影响

信息性社会影响：了解"正确"情况的需要
- 信息性社会影响的发生条件 —— 人们在不知道怎样做、怎么说是正确的或最好的情况下
- 保持正确的重要性 —— 在保持正确非常重要的情境中，人们因信息性社会影响而从众的倾向会增强
- 当信息性从众导致事与愿违的效果时 —— 当人们错误地判断正在发生的事情时，将他人作为信息的来源可能引发相反的效果
- 人们何时会顺应信息性社会影响 —— 当情境模糊时，当危机出现时，或者当有专家在场时

规范性社会影响：希望被接纳的需要
- 规范性社会影响的发生条件 —— 人们为了使自己和他人相称而改变自己的行为时
- 从众与社会认同：阿希的线段判断研究 —— 人们有时候愿意顺应团体的明显错误的答案
- 回顾：保持正确的重要性 —— 当保持正确非常重要时，人们更有可能拒绝规范性社会影响
- 拒绝规范性社会影响的后果 —— 被人嘲笑、排斥，甚至被团体抛弃
- 人们何时会顺应规范性社会影响 —— 当团体很重要、团体成员的思想或行为一致、团体有三个或更多的成员，以及人们是集体主义文化中的成员时，更可能从众
- 少数人的影响：少数人何时能影响多数人 —— 在某些条件下，陈述观点一致的少数人能够影响大多数人

从众策略
- 命令性规范与描述性规范的作用 —— 传达命令性规范比传达描述性规范更能改变行为
- 利用规范改变行为：谨防"反向效应" —— 描述性规范的"反向效应"可能使不被期望的行为比以前更有可能发生
- 社会影响的其他策略 —— 登门槛技巧、门前技巧、宣传

服从权威
- 米尔格拉姆的实验 —— 服从：人们为了回应权威人物而改变自己的行为
- 规范性社会影响的作用 —— 规范性压力使中断对权威人物的服从变得很困难
- 信息性社会影响的作用 —— 人们不清楚该如何定义发生的情况，因此他们遵照专家的命令
- 服从的其他原因 —— 服从了错误的规范、自我辩白、个人责任丧失
- 过去和现在的服从研究 —— 不同年代的研究结果没有显著差异

第 9 章 团体过程：社会团体的影响

什么是团体
- **团体** —— 团体包括两个或两个以上相互交流、相互依赖的人
- **人们为什么加入团体**
  - 人可能天生有归属于某个团体的需求
  - 团体可以使我们实现困难的目标
  - 团体是现实世界的信息来源，也是我们社会身份的重要组成部分
- **团体的组成与功能**
  - 团体由同质的成员组成
  - 团体有明确的社会角色，有关于人们应有的行为方式的共同期望

团体中的个体行为
- **社会促进：他人在场为我们增添活力** —— 当个体在任务中的努力可以被评估时，他人在场会引发社会促进
- **社会懈怠：他人在场使我们放松** —— 当个体在任务中的努力无法被评估时，他人在场导致放松和社会懈怠
- **社会懈怠的性别与文化差异：谁最有可能偷懒** —— 社会懈怠在男性中比在女性中更加普遍，在西方文化中比在东方文化中更加普遍
- **去个体化：迷失在人群中** —— 他人在场会导致去个体化

团体决策：多人的决策一定优于个人的决策吗
- **过程损失：团体互动抑制了良好的解决办法** —— 当维持团体凝聚力和团结比务实地思考事实更重要时，团体思维就会出现
- **团体极化：走向极端** —— 团体极化导致个体的态度比个体参与团体讨论前的态度更极端
- **团体中的领导**
  - 领导者的类型与工作环境的性质共同决定领导的有效性
  - 女性领导者常面对"玻璃悬崖"及双重束缚

冲突与合作
- **社会困境** —— 当大多数人都选择对个体最有利的行为方式，而这造成对所有人不利的后果时，社会困境就发生了
- **用威胁解决冲突** —— 使用威胁倾向于使冲突升级而不是使冲突得到解决
- **协商与讨价还价** —— 寻找整合式解决方案是相当重要的

第 10 章 人际吸引：从第一印象到亲密关系

产生吸引力的原因

- **住在隔壁的人：接近效应** — 物理接近性：接触刺激会增加人们对它的喜爱程度（曝光效应）
- **相似性** — 与互补性相比，在预测人际吸引的发生上，相似性是更有力的预测变量
- **互惠式的好感** — 我们常会喜欢那些表现得喜欢我们的人
- **外表吸引力** — 外表吸引力有助于好感的产生，我们常有"美即好"的刻板印象
- **进化与择偶** — 进化心理学根据自然选择的原理，通过随时间进化的基因因素来解释爱

在数字世界中建立联系

- **吸引力 2.0：网络时代的择偶偏好** — 在网络时代，吸引力的基本预测源（如接近性、相似性和熟悉度）以不同的方式显示自己的作用
- **网上约会的前景和陷阱** — 基于网络和移动应用的约会扩展了人们的潜在伴侣圈，但也带来了风险

爱情与亲密关系

- **定义爱情：陪伴与激情**
  - 伴侣之爱：一种不伴有强烈的渴望和生理唤醒的亲密感
  - 激情之爱：一种伴有强烈的渴望和生理唤醒的亲密感
- **文化与爱情** — 爱情在定义和实践上存在文化差异
- **亲密关系中的依恋类型** — 安全型依恋、回避型依恋、焦虑/矛盾型依恋
- **爱情中的身体与大脑** — 坠入爱河的经历也可以在大脑层面得到考察

评价关系：满意度与分手

- **关系满意度的理论**
  - 社会交换理论：人们对人际关系的感觉取决于他们知觉到的自己在这段关系中的收益与成本
  - 公平理论：满意度的最重要决定因素是双方是否在关系中得到了相同的回报
- **分手的过程与经历** — 应对浪漫关系中的问题的策略包括建设性的行为和破坏性的行为

第 11 章 亲社会行为：人们为什么帮助他人

亲社会行为的基本动机：人们为什么帮助他人

- 进化心理学：本能与基因 — 进化心理学从三个方面介绍了亲社会行为：亲缘选择、互惠规范和群体选择
- 社会交换：助人的成本与收益 — 社会交换理论：人们助人是为了使社会收益最大化、社会成本最小化
- 共情与利他主义：纯粹的助人动机 — 共情-利他主义假说：当人们对他人产生共情后，人们会出于纯粹的助人动机帮助他人

个人品质与亲社会行为：为什么有些人更乐于助人

- 个体差异：利他人格 — 利他人格：一种使个体在各种情况下帮助他人的品质
- 亲社会行为中的性别差异 — 男性性别角色包括充满骑士风度的、英雄主义式的助人；女性性别角色则包括在亲密的、长期的关系中的助人
- 亲社会行为中的文化差异 — 对于内群体成员和外群体成员，人们都愿意提供帮助，但原因不同
- 宗教与亲社会行为 — 人们在面对属于同一个群体的人时更乐于助人，这与宗教无关
- 情绪对亲社会行为的影响 — 人们在心情特别好的时候更容易发生助人行为，这种情况有时在人们体验到坏心情时也会发生

亲社会行为的情境因素：人们会在什么时候帮助他人

- 环境：乡村与城市 — 密集型城市中的人更少助人
- 居住流动性 — 长期居住在某个社区的人比刚搬进该社区的人更愿意参与亲社会行为
- 旁观者数量：旁观者效应 — 目睹一件紧急事件的旁观者越多，他们帮助受害者的可能性就越小
- 网络空间中的责任分散 — 聊天室里的人越多，人们回应用户的帮助请求的时间就越长
- 媒体的影响：视频游戏与音乐歌词 — 玩亲社会视频游戏或听具有亲社会歌词的歌曲会使人们更有可能以多样的方式帮助他人

怎样增加助人行为

- 增加旁观者干预的可能性 — 告诉人们旁观者干预的障碍可以增加人们在紧急事件中助人的意愿
- 增加志愿服务 — 鼓励人们去从事志愿服务，同时保持他们可以自由选择的感觉，可以增加人们的幸福感和他们未来再次从事志愿服务的意愿

第 12 章 侵犯：人们为什么伤害他人

侵犯性是天生的、习得的还是可选择的

- **侵犯** —— 意图伤害他人或以让他人痛苦为目的的有意行为，可分为敌对性侵犯和工具性侵犯
- **进化视角** —— 进化心理学家认为，侵犯性是男性所有的遗传程序
- **文化与侵犯性** —— 人生来就具有侵犯性，但侵犯性的表达与否受文化因素的影响，它是可以改变的
- **性别与侵犯性** —— 男性更有可能进行身体侵犯，女性更有可能进行关系侵犯
- **侵犯行为的习得** —— 人们通常通过观察和模仿他人来学习社会行为，包括侵犯行为
- **一些生理因素的影响** —— 人们在醉酒、经历伤痛、感到不安和激动时更有可能表现出侵犯性

社会情境与侵犯性

- **挫折与侵犯性** —— 挫折-侵犯理论认为，经历挫折会增加侵犯行为发生的可能性
  - 相对剥夺比绝对剥夺更有可能引起挫折感并引发侵犯行为
- **挑衅与报复** —— 个体会由于他人的侵犯行为予以还击
- **武器作为侵犯线索** —— 在有枪和侵犯性刺激的情况下，侵犯行为会增加
- **要素整合：性侵犯的例子** —— 在有关性侵犯的案件中，大多数强奸案都是由受害者认识的人犯下的

暴力与媒体

- **媒体暴力效应研究** —— 玩暴力游戏会增加敌对的感觉和侵犯行为，也会产生"麻木"效应
  - 儿童看到的暴力画面越多，他们以后表现出来的侵犯性就越多
- **确定因果关系的问题** —— 媒体暴力和实际的侵犯之间是一个双向关系

如何减少侵犯行为

- **惩罚能减少侵犯行为吗** —— 惩罚往往不能减少孩子的侵犯行为，还可能增加违法行为对孩子的吸引力
- **我们能通过纵容愤怒来释放它吗** —— 直接对激怒你的人发泄愤怒会增加愤怒感和侵犯性的表现
- **我们应该怎样处理愤怒** —— 及时意识到自己的愤怒并以一种建设性的方式对待它
- **打破拒绝-愤怒的循环** —— 社会排斥是青少年自杀、绝望和暴力最重要的风险因素，可通过增强意识、共情培训等项目来改变学校的结构和氛围，减少暴力行为，改善儿童和青少年的生活

第 13 章 偏见：成因、后果与消除

定义偏见

- **偏见** —— 一种对特定群体成员的敌对和负面态度
- **认知成分：刻板印象** —— 对一个群体的全体成员的概括，而忽略成员间的个体差异
- **情感成分：情绪** —— 偏见的情感层面使具有偏见的人难以被说服
- **行为成分：歧视** —— 歧视被定义为对特定群体成员的不公平的、消极的或有害的行为

觉察看不见的偏见

- **识别被压抑的偏见的方法** —— 发送只是申请人的名字或其他识别特征有所不同的简历，或者使用"假渠道"技术都可以测量被压抑的偏见
- **识别内隐偏见的方法** —— 一种常用的识别潜意识（内隐）偏见的方法是内隐联想测验（IAT）

偏见对受害者的影响

- **自证预言** —— 刻板印象和偏见的普遍存在可以为大多数人和偏见的受害者创造一种自证预言
- **社会认同威胁** —— 当人们对自己群体的刻板印象被激活或自己群体的社会身份被贬低时，会感到焦虑

偏见的成因

- **从众的压力：规范性准则** —— 保持规范的一致性或被群体接受的愿望，导致许多人遵从刻板的信念和社会上的主导偏见
- **社会认同理论："我们"对"他们"** —— 偏见是由人们下意识地将人归为内群体和外群体导致的
- **现实冲突理论** —— 现实冲突理论认为，资源的有限性会导致群体与群体之间发生冲突，并造成偏见和歧视

减少偏见

- **接触假说** —— 减少偏见最重要的方法是让内群体成员和外群体成员相互接触
- **合作与互倚：拼图教室** —— 拼图教室是一种把来自不同种族的儿童结成小组的合作式学习方式

第 14 章 实践中的社会心理学之一：
利用社会心理学实现可持续的、幸福的未来

社会心理学的应用研究

- 利用实验法 —— 通过实验来解决社会影响问题
- 社会心理救援 —— 社会心理学家在寻找应用问题的解决方案方面处于独特的地位

利用社会心理学实现可持续发展

- 传递与改变社会规范 —— 时常提醒人们使用命令性规范和描述性规范来对抗破坏环境的行为
- 消耗追踪 —— 通过记录消耗的能源促使人们改变某种行为
- 引入适当竞争 —— 相互竞争比单独鼓励更能节省能源
- 诱导伪善 —— 通过让人们觉得自己并没有实践自己所宣扬的行为来引起人们的心理不适感
- 消除小障碍，实现大改变 —— 通过消除那些破坏环境的小障碍来帮助人们保护环境

幸福与可持续的生活方式

- 什么使人幸福 —— 影响幸福的因素主要包括人际关系的质量、心流、对体验（而非物质）的追求，以及帮助他人
- 人们知道让自己感到幸福的是什么吗 —— 人们往往忽略能让他感到更幸福的东西，具有讽刺意味的是这些东西不会造成环境问题

第 15 章 实践中的社会心理学之二：社会心理学与健康

压力与人类健康

- 复原力 —— 人类在经历负性事件时会表现出惊人的复原力
- 负性生活事件的影响 —— 压力事件会对人们的身心健康产生负面影响
- 知觉压力与健康 —— 人们经历的压力事件越多，就越有可能生病
- 控制感：知觉控制的重要性 —— 人们的控制感越少，就越容易因负性事件引发身心疾病

应对压力

- 应对方式 —— 人们在面对压力事件时的反应方式
- 压力应对的性别差异 —— 有"反击-逃避回应"和"照顾-表现友好回应"两种应对方式，后者在女性中更普遍
- 社会支持：从他人处获得帮助
  - 社会支持指个人需求获得他人回应和接纳的感觉
  - 人们更愿意接受不可见支持，而不是可见支持
  - 来自不同文化背景的人寻求帮助的方式不一样
- 重塑：在创伤事件中寻找意义 —— 用书写或谈话的方式来重塑创伤事件对人们是有益的

预防：促进更健康的行为 —— 找到更好的方法来促进人们更健康的行为很重要

第 16 章 实践中的社会心理学之三：社会心理学与法律

目击者证词

- 为何目击者经常指认错误 —— 许多因素会扭曲人们对观察到的事物的编码、存储与提取，进而导致对嫌疑犯的错误指认
- 判断目击者是否犯错
  - 目前没有确定的方法检验目击者的证词
  - 在目击者指认后给出反馈会增强目击者对自己证词的信心
- 关于恢复性记忆的争论 —— 恢复性记忆可能是真实的，也可能源于错误记忆综合征

陪审团：团体判决过程

- 陪审员容易受到社会偏差和社会压力的影响
- 审判过程中陪审员对信息的处理 —— 陪审员会对证词进行理解，并经常把其中可以解释所有证据的故事作为判案的依据
- 认罪：它们总像看起来的那样吗 —— 警方所使用的审讯手段有时会导致虚假供词
- 陪审室内的商议 —— 庭审的最终判决常和最初陪审团中多数人的观点一致

加入"聊心社"交流群，我们一起解决问题

入群口令：读经典

1. 赠书活动

2. 免费线上读书会

3. 与作者面对面交流

4. 新书抢先读

5. 更多粉丝福利

圣娅文化传媒

脑图设计支持：vis995@outlook.com · 工作室

社会心理学 学习目标总览

第 1 章

社会心理学导论

- 1.1 什么是社会心理学 —— 理解什么是社会心理学，它与其他学科有什么不同
- 1.2 社会情境的力量 —— 总结人们如何解读自己和他人的行为，以及解读方式的重要性
- 1.3 解读从何而来：人性的基本动机 —— 解释当人们对保持良好的自我感觉的需求与对准确性的需求相冲突时会发生什么
- 1.4 为什么学习社会心理学 —— 解释社会心理学研究的重要性

第 2 章

方法论：社会心理学家如何进行研究

- 2.1 社会心理学：一门实证科学 —— 理解研究者是如何形成假设和理论的
- 2.2 实验设计 —— 理解社会心理学家使用的各种实验设计有哪些优点与缺点
- 2.3 社会心理学研究的新领域 —— 理解跨文化研究和社会神经科学对科学家研究社会行为有何影响
- 2.4 社会心理学中的伦理问题 —— 总结社会心理学家如何确保研究被试的安全和福利，同时检验关于社会行为原因的假设

第 3 章

社会认知：我们如何思考社会性世界

- 3.1 自动化思维：低努力水平思维 —— 理解图式的优点与缺点
- 3.2 自动化思维的类型 —— 描述自动化思维的类型
- 3.3 社会认知的文化差异 —— 理解文化是如何影响社会思考的
- 3.4 控制性社会认知：高努力水平思维 —— 了解控制性思维的不足以及提高其有效性的方法

第 4 章

社会知觉：我们如何理解他人

- 4.1 非言语交流 —— 理解使用非言语信息理解他人的途径
- 4.2 第一印象：迅速形成而持久存在 —— 分析第一印象的形成及其持续作用
- 4.3 因果归因：回答"为什么"的问题 —— 解释和推论人类行为产生的原因
- 4.4 文化与社会知觉 —— 描述文化对社会知觉和归因的影响过程

第 5 章

自我：在社会情境中理解我们自己

- 5.1 自我概念的起源与本质 —— 描述自我概念及其发展方式
- 5.2 自我认知 —— 解释人们如何通过自省、观察自己的行为及观察他人来认识自己
- 5.3 自我控制：自我的执行功能 —— 比较在什么情况下人们可能成功地自我控制，什么时候又可能失败
- 5.4 印象管理：世界是个大舞台 —— 描述人们如何塑造自己的形象，从而让别人看到他们想被看到的样子

社会心理学

核心概念手册